몰리노스의
영성 교훈

몰리노스의 영성교훈
The Spiritual Guide

초판 발행	2003년 4월 01일
2쇄 발행	2010년 10월 30일
지은이	미구엘 데 몰리노스(Miguel de Molinos)
옮긴이	엄성옥
발행인	최대형
발행처	도서출판 은성
등록	1974년 12월 9일 제9-66호

ⓒ 2003, 2010년 은성출판사

주소	서울시 강동구 성내동 538-9
전화	070) 8274-4404
팩스	02) 477-4405
홈페이지	http://www.eunsungpub.co.kr
전자우편	esp4404@hotmail.com

출판 및 판매에 관한 모든 권한은 본 출판사가 소유하고 있습니다. 출판사의 사전 서면 허락 없이 상업적인 목적으로 번역, 재제작, 인용, 촬영, 녹음 등을 할 수 없음을 알려드립니다.

Printed in Korea
ISBN: 89-7236-299-9 33230

the spiritual guide

Written by Miguel de Molinos
Translated by Sung-Ok, Um

❖ 머리말	7
❖ 서론	11
1. 두 종류의 기도	15
2. 표면적인 기도를 버리려는 소원	19
3. 튼튼한 내면의 요새	23
4. 실패를 예상하십시오	27
5. 표면적인 기도의 한계	33
6. 두 가지 영적인 경험	37
7. 두 가지 헌신	43
8. 두 종류의 어두움	47
9. 영적 관심 상실	51
10. 환경	53
11. 시험	59
12. 사람들은 하나님을 찾는다고 하지만 실제로는 자기를 찾습니다	67
13. 평온	71

14. 확실한 헌신	75
15. 일과 소명	79
16. 두 종류의 영적인 사람	81
17. 세 가지 침묵	83
18. 순종	89
19. 내면적인 영성과 표면적인 영성	95
20. 영혼의 씻음	107
21. 거룩한 사랑	111
22. 겸손	119
23. 독거	123
24. 주 앞에 나옴	127
25. 영적으로 즐거운 일	131
26. 내면의 길을 향한 다섯 단계	133
27. 속사람의 표식	135
28. 내면적인 사랑의 네 가지 측면	137
29. 내면의 발견	145
30. 주님과 동행하는 사람이 버려야 할 것	149
31. 하나님인가, 세상인가?	153
❖기도	159
❖몰리노스의 생애	161

머리말

이 책을 읽어 보면 로마 카톨릭 교회가 『영성 입문서』(*The Spiritual Guide*)를 금서로 지정하여 불에 태우라고 명령한 이유를 정말로 이해하기 어렵다. 성례전이나 죄고백을 해야 할 필요가 없을 수도 있다고 간접적으로 언급한 것을 제외하고는 마이클 몰리노스는 존경받는 다른 카톨릭 신자들이 가르치지 않은 것을 말한 적이 없었다. 문제는 그가 말한 것에 있는 것이 아니라, 그가 그러한 말을 하는 데 얼마나 성공했으며 그 후 사람들을 자극하여 그를 따르게 했는가에 있다고 생각한다.

이 작은 책의 많은 부분이 보다 심오한 기독교적 삶에 할애된 것이 아니라 십자가와 고난에 할애된 것을 발견할 수 있다. 솔직히 말해서, 나는 그렇게 예상하지 않았었다.

이 책을 읽기 전에는, 이 책이 주님을 보다 잘 아는 방법에 많은 실질적인 도움을 줄 것이라고 생각했었다. 물론 이 책은 그러한 도움을 준다. 그러나 이 책은 십자가에 대한 영적인 입문서이기도 하다. 만일 우리가 마땅히 해야 하는 대로 주님을 따른다면 우리 앞에는 많은 고난이 기다리고 있다고 몰리노스는 거듭 말한다.

몰리노스의 영성 입문서

미구엘 데 몰리노스 지음

엄성옥 옮김

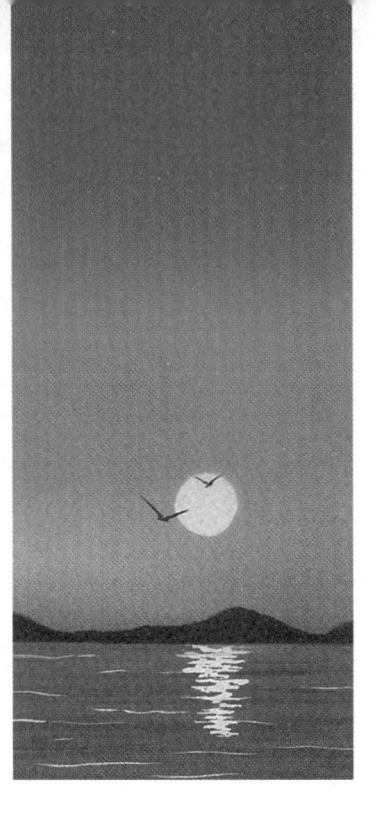

서론

 모든 사람의 마음에 드는 책을 저술한다는 것은 불가능한 일이며, 모든 사람이 이해하는 책을 저술하는 것도 불가능한 일이다. 문제는 "이 책과 당신의 관계는 어떠한 것이 될 것인가?"이다. 이 책에서 다루어지는 주제는 신비한 것이며, 쉽게 파악할 수 없기 때문에 이러한 책은 비판을 받기 쉽다. 그 책을 이해하지 못하면서, 어떻게 그것을 비판할 수 있겠는가?

 성경은 말하기를, 육에 속한 사람(natural man)은 영적인 의미를 가진 것들을 이해하지 못한다고 한다. 이해하지 못하면서도 이 책을 비판하려 하는 사람은 세상에 속한 사람들의 지혜에 합류한 사람이라고 할 수 있다.

 하나님의 깊은 것에 대한 이해는 훌륭한 지성이나 논리

나 추론에서 오는 것이 아니라, 경험을 통해서 오는 것이다. 하나님의 깊은 것은 사람이 만들어낸 것이나 증명되어야 할 가르침이 아니라, 그저 받아들여져야 하는 것이다. 이런 까닭에 그런 것들이 신자의 삶에서 열매를 맺는 것이다. 하나님의 깊은 것은 귀로 듣거나 눈으로 읽음으로써 영혼에게 임하는 것이 아니라, 성령께서 풍성하게 넣어 주심에 의해서 영혼에게 임한다. 마음이 겸손하며 추론 능력을 겸손하게 사용하는 사람에게 하나님은 성령의 열매를 주신다.

오늘날 세상의 지혜로운 사람들 중에는 이 책에서 다루어진 것들에 대해 한 번도 읽어본 적이 없는 사람들이 많다. 또 신령한 사람으로 부름을 받았으면서도 이 주제를 특별히 좋아하지 않는 사람들이 있다. 이 두 부류의 사람들은 이 책에서 발견되는 주제를 비난한다. 전자는 무지 때문에 비난하고, 후자는 경험의 부족 때문에 비난한다.

그러나 문제의 본질은 다음과 같다. 이 책에서 논의되는 것을 경험한 적이 없는 사람은 하나님의 비밀한 것들을 판단할 수 없다. 그런 사람은 내면 깊은 곳에서 만들어지는 하나님의 사랑의 놀라운 일들에 대해서 들으면 분개할 수도 있을 것이다. 그것은 이 풍성한 보화에 대해서 알지 못하기 때문이다. 우리가 어찌 하나님의 선하심을 제한할 수 있겠는가? 결국 하나님의 팔은 짧아지지 않는다. 하나님은 과거에 하셨던 일을 오늘 우리 시대에 다시 행하실 수 있다. 주님은 강한 자를 부르시는 것이 아니고 공로가 많은 사람들을 부르시는 것이 아니라는 것을 기억하라. 하나님은 약한 자들을 부르시며, 그렇게 하시는 것은 하나님의 크신 자비를 나타내기 위해서이다.

이 책에서 말하는 것은 이론적인 것이 아니라 실질적인 것, 경험의 영역 안에 있는 것이다. 이 책에는 아주 세밀하고 독창적인 생각까지도 초월하는 경험이 들어 있다. 영적인 일들은 영적인 사람들만을 위한 것이어야 한다. 그리스도를 따르다가 중도에서 포기한 사람에게 이런 것들을 알려 주어도 거의 유익이 없을 것이다.

나는 특별히 현대적인 책을 저술한 것이 아니다. 나의 유일한 목표는 지극히 겸손하고 성실하고 분명하게 적나라한 진리를 가르치려는 데 있었다. 나는 이 책에서 주님의 방법을 정의하려거나 옹호하려 하지 않을 것이다.

이 책에 기록된 것은 여러 해 동안의 경험, 내면의 길을 추구하는 사람들에게 내가 제공해온 도움을 신뢰하는 신자들에게 나누어 주어온 경험이다. 이러한 신자들에게서 목격한 것을 토대로 하여, 나는 기독교인들이 주님이 의도하신 목적을 향해 전진하는 것을 방해하는 장애물들과 성향들과 유혹들을 제거하기 위한 것이 필요하다고 확신한다. 이 책에 제시한 것은 여러 가지 책에서 취한 것이 아니라 무한히 자비하신 하나님께서 나에게 보여 주신 것이다. 나의 우선적인 목표는 내면의 길에 대한 이해를 단순화하는 것이다.

주께서 이 목표를 성취할 수 있게 해 주시기를 기도한다. 이 책을 읽는 사람들은 하나님의 깊음을 측량하도록 부름을 받은 사람들이기를 바라며, 또 그들이 이 글에서 유익을 얻기를 바란다. 그러한 결과가 얻어진다면, 이 책을 저술한 보람이 있을 것이다. 그것이 나의 유익한 목표이다. 하나님께서 이와 같은 순수한 갈망을 받아주시고 인정해 주시기를 바란다.

몰리노스
1675년, 로마에서

두 종류의 기도

기도란 무엇입니까? 기도는 정신을 하나님께로 들어올리는 것입니다. 하나님은 우리 모두보다 위에 계시며 우리는 하나님을 볼 수 없기 때문에, 우리는 하나님과 대화를 합니다. 이러한 기도는 가장 단순한 형태의 기도이며, 본질적으로 하나님과의 정신적인 담화에 불과한 기도입니다.

깊은 생각이나 추론을 요구하지 않고, 무엇을 납득하기 위한 증거를 필요로 하지 않는 상태에서 주님의 얼굴에 주의를 집중하는 것은 보다 고등한 기도입니다.

주님은 이성과 묵상과 생각이 그다지 큰 역할을 하지 못한다는 견해를 가지고 계십니다. 첫 번째 종류의 기도를 하는 사람은 하나님에 대해서 생각하며, 두 번째 종류의 기도를 하는 사람은 하나님을 봅니다. 후자가 보다 순수한 기도의 실천입니다.

배가 항구에 도착하면 항해는 끝난 것입니다. 마찬가지로, 우리가 하나님을 발견하려 할 때에 사용해야 하는 몇 가지 수단이 있을 것입니다. 그러나 목표를 성취한 후에는 그 수단들을 버립니다. 다시 말해서 방법을 포기합니다.

때때로 이성적인 기도는 기도의 좋은 출발점이 됩니다. 그러나 이성적인 기도는 우리를 하나님과의 보다 깊고 고요한 관계로 인도해 주는 하나의 방법에 불과합니다. 두 번째 차원의 기도에 도착한 후에는, 모든 이성적인 논의를 멈추고 쉽니다. 단순히 하나님을 보는 것, 하나님을 보고 사랑하는 것(그리고 마음에 떠오르는 모든 심상들을 거부하는 것)이 한층 더 의미 있는 기도입니다.

하나님의 현존 안에서 정신은 평온하며, 우리의 내면에 있는 모든 것은 완전히 하나님께 집중됩니다.

주님과 깊이 동행하기를 원하는 사람은 분명히 정의된 지성적인 것들을 버려야 합니다. 간단히 말해서, 모든 것을 내려놓고 사랑하시는 하나님의 품에 자신을 맡겨야 합니다. 결국, 주님은 우리가 버렸던 모든 것을 다시 회복시켜 주실 것이며, 동시에 우리의 힘과 능력을 증가시켜 주실 것입니다. 이 사랑은 살아가면서 처하게 될 모든 상황에서 우리를 지켜 줄 것입니다. 우리가 하나님을 향해 쏟아내는 사랑(이 사랑은 하나님께서 친히 우리에게 주실 것입니다)은 우리가 행할 수 있는 어떤 행동보다 더 가치가 있습니다. 우리가 하나님을 위해서 할 수 있는 일은 거의 없습니다. 아무리 지혜롭고 공부를 많이 한 사람이라도, 이 세상에서는 하나님을 거의 이해할 수 없습니다. 그러나 하나님을 크게 사랑할 수는 있습니다.

신자는 아주 간단한 방법, 깨끗하고 깊은 중심으로 들어감으로써 이 두 번째 차원에서 주님을 대하기 시작합니다.

우리 하나님은 이 깊은 내면의 장소에 계십니다. 이곳에서 사랑의 집중, 침묵, 그 외의 다른 모든 것들의 망각, 그리고 인간의 뜻을 하나님의 뜻에 복종시킴 등이 발견됩니다. 그곳에 도착한 사람은 오직 하나님의 음성을 듣고 하나님과 함께 이야기합니다. 마치 창조 세계에 존재하는 것이 그 둘뿐인 듯합니다. 그러한 "기도"는 하나님과의 지적인 논의나 기도라고 부를 수 있는 것과는 아주 다른 외침입니다.

이성적인 개념화는 힘들게 작용하여 결과를 얻습니다. 그러나 이 두 번째 종류의 기도는 힘들지 않게 작용하며, 고요함과 평화와 기쁨 안에서 훨씬 더 큰 열매가 발견됩니다.

아마 두 번째 종류의 기도를 소유하기 위해서 첫째 종류의 기도가 필요할 것입니다. 첫째 종류의 기도는 구하는 것이고, 두 번째 종류의 기도는 발견하는 것입니다. 이 두 종류의 기도의 차이점은 음식을 준비하는 것과 음식을 맛보는 것의 차이점과 같다고 말할 수도 있을 것입니다.

이처럼 보다 깊은 하나님과의 관계 안에서 행하는 데에는 두 가지 방법이 있습니다. 첫째는 매우 부지런히 하나님의 은혜의 도움을 받아 우리의 모든 능력을 동원하고 준비함으로써 획득됩니다. 두 번째 방법은 인간의 의지력으로 할 수 있는 것이 아니라, 궁극적으로 신자가 습득하는 것입니다.

2 표면적인 기도를 버리려는 소원

　우리가 주님과의 보다 깊은 관계를 향한 여정에서 만날 것이라고 기대할 수 있는 것 몇 가지를 지적해 보겠습니다. 결국 우리는 지적인 기도 생활에 의해서는 더 이상 나아갈 수 없는 지점, 또는 그러한 기도를 포기하려는 생각을 품는 상태에 이를 수도 있습니다. 그것은 우리의 본성적인 성향 때문에 임하는 것이 아니고, 우리가 건조한 시기에 있기 때문도 아닙니다. 그것은 우리의 내면 깊은 곳에서 주님이 친히 일으키시는 것입니다. 이처럼 표면적인 기도를 포기하려는 성향은 보다 심오한 것을 갈망하고 추구하는 것의 자연적인 목표입니다.

또 하나의 가능성은 책을 읽는 것이 지루해지는 것입니다. 이것은 그러한 책들이 내적인 문제를 다루지 않기 때문일 것입니다.

우리가 직면하게 될 또 하나의 경험은 자신의 본성에 대한 지식의 증가, 자신의 죄에 대한 혐오감, 그리고 하나님의 보다 깊은 본성과 거룩함에 대한 통찰 등입니다.

주님은 우리가 갈망하는 것만 주실 수 있습니다.

하나님의 뜻에 우리의 뜻을 일치시키는 것이 무엇을 의미하는지를 알면 내면생활을 완전히 알게 될 것입니다. 모든 일에 성공하려 한다면, 모든 일이 우리의 뜻대로 이루어지기를 원한다면, 우리는 결코 평화의 길을 알지 못할 것입니다. 그러한 사람은 괴롭고 공허하게 살 것이며, 항상 침착하지 못하고 불안하며 평화의 길에 접하지 못할 것입니다. 하나님과 깊이 동행하는 것은 곧 하나님의 뜻에 완전히 일치하는 것입니다.

하나님의 뜻에 복종하는 것은 쉬운 멍에입니다. 다시 말해서, 내적 평화와 평온함이 있는 곳으로 우리를 인도해 주는 멍에입니다.

기독교인이 불안한 이유는 무엇입니까?

그 주된 이유는 그의 의지의 반역입니다. 하나님의 뜻이라는 쉬운 멍에에 복종하지 않으면, 그 결과로서 많은 불안한 상황을 경험하게 됩니다. 만일 우리 자신의 뜻을 하나님의 뜻과 명령에 복종시킨다면, 우리는 큰 평온함을 경험하게 될 것입니다. 놀라운 평안과 안정을 경험하게 될 것입니다.

하나님께서 거룩한 빛을 주셔서 우리로 하여금 이 내면의 길로 이끌어줄 길을 발견하게 되기를 기도합니다.

3 튼튼한 내면의 요새

어두움, 건조함, 약하게 만드는 시험 등은 하나님께서 영혼에게서 제거하시는 것들입니다. 우리의 영이 하나님 나라의 중심이라는 것을 알아야 합니다. (우리의 중심이 곧 하나님의 나라입니다.) 그곳에서 주님이 보좌에 앉아 다스리십니다. 우리 내면에 있는 하나님의 전을 깨끗이 보존하려면 마음을 깨끗이 해야 합니다.

주님이 우리의 삶에 무엇을 보내시건 간에, 우리의 내면의 중심은 전혀 동요되지 않습니다.

주님은 우리 영의 유익을 위해서 원수가 이 안식의 도시, 평화의 보좌를 어지럽히는 것을 허락하십니다. 환란은 유혹, 시련, 교묘한 제안 등의 형태로 우리에게 임할 것입니다. 하나님이 창조하신 모든 것이 우리를 괴롭히는 일에 개입될 수 있습니다. 고통스러운 환란도 있고, 심각한 박해도 있을 것입니다.

이런 것들을 어떻게 다루어야 할까요? 이러한 환란 가운데 있을 때에 마음이 즐겁고 한결 같으려면 어떻게 해야 할까요? 마음 속 깊은 곳으로 들어가야 합니다. 왜냐하면 그곳에서 외부 환경을 극복할 수 있기 때문입니다. 우리의 내면에는 하나님의 요새가 있습니다. 그 요새는 우리를 방어해 주고 보호해 주고 우리를 위해 싸웁니다.

큰 요새와 같은 집을 가지고 있는 사람이 있다고 생각해 보십시오. 그는 원수들이 쫓아와 에워싸도 동요하지 않을 것입니다. 왜냐하면 그는 큰 성채 속으로 피하기만 하면 되기 때문입니다. 우리는 모든 원수들—보이는 원수들과 보이지 않는 원수들—을 대적하여 승리하게 해줄 든든한 성을 가지고 있습니다. 그 성은 지금 우리의 내면에 있습니다. 온갖 유혹과 환란 등과 상관없이, 그 성은 우리의 내면에 있고, 그 안에 거룩한 위로자가 거하십니다. 그곳으로 피하십시오. 그곳은 지극히 고요하고 평화롭고 안전하고 평온

합니다.

그렇게 하려면 어떻게 해야 합니까? 그 대답은 앞에서 말한 "보다 깊은 기도" 안에, 그리고 하나님께만 집중된 사랑 안에 있습니다.

평화가 공격을 받을 때에, 그 평화로운 곳, 그 요새로 피하십시오. 두려울 때에 그곳으로 피하십시오. 그곳에는 원수를 비롯하여 모든 환란을 극복할 수 있는 갑옷이 있습니다. 폭풍이 부는 동안에는 그곳을 떠나지 말고, 그 안에 고요하고 안전하게 머무십시오.

마지막으로, 나약해질 때에 낙심하지 마십시오. 할 수만 있으면, 그 풍성한 보좌로 돌아가십시오: 생각을 집중하십시오: 하나님의 얼굴을 바라보십시오. 격정의 한복판에서 침묵을 구하고, 많은 사람들 가운데서 고독을 구하며, 어두움 속에서 빛을 구하십시오. 모욕 속에서 망각을, 낙담 속에서 승리를, 놀람 속에서 용기를, 유혹 가운데서 저항을, 전쟁 속에서 평화를 발견하십시오.

4 실패를 예상하십시오

 신자들은 주님으로부터 내면의 길로 부름을 받았음에도 불구하고 여전히 혼동과 의심으로 가득하며, 보다 깊은 기도에 실패할 수도 있다는 것을 우리는 알아야 합니다. 주님이 전처럼 우리의 기도를 돕지 않으신다는 느낌을 받을 수도 있을 것입니다. 우리가 시간을 허비하고 있으며 전혀 진보하지 못하고 있다는 느낌을 받을 수도 있습니다. 물론 여기에는 혼동과 당황이 따릅니다. 그렇다고 해서 기도를 중지하지 마십시오. 또 주님과의 보다 깊은 관계를 추구하는 일을 다른 사람이 방해하도록 내버려 두어서는 안 됩니다.

 우리의 삶에서 실제로 어떤 일이 벌어지고 있습니까? 우리는 정말 실패를 경험하고 있습니까? 결코 그렇지 않습니다.

주님은 자신의 거룩한 현존 안에서 믿음에 의해 살라고 우리를 부르십니다. 주님에 대한 단순한 시각과 그분을 향한 뜨거운 사랑을 가지고, 어린 아이처럼 주님의 부드러운 품에 몸을 맡겨야 합니다. 하나님의 현존 안에서, 영은 어린 아이처럼 되고 거지처럼 되어야 합니다.

특히 실패를 감지할 때에 우리는 주님께 대해 그러한 관계를 갖기가 쉽습니다. 그것은 우리가 하나님에 대해 유지할 수 있는 가장 안전한 관계이기도 합니다. 우리가 추구하고 있는 기도는 상상력의 방황이나 추론으로부터 해방된 기도입니다. 상상력의 방황과 추론은 마음을 산란하게 하며, 특히 실패할 때에 우리를 공론(空論)이나 내성(內省)에 빠지게 할 수 있습니다.

하나님은 모세에게 십계명을 주시기 전에 먼저 산 위에서 모세를 부르셨다는 것을 기억하십시오. 하나님은 그곳에서 여러 날 동안 모세에게 자신의 큰 영광을 보여 주셨습니다. 그 사건과 비근한 이야기를 들어 보겠습니다. 우리가 기독교인으로의 여정을 시작할 때에, 하나님은 종종 우리를 사랑의 지식의 학교와 내적인 법의 학교로 안내하실 것입니다. 그 다음에 어두움과 건조함 속으로 인도하실 것입니다. 건조함으로 이끄시는 이유는 무엇입니까? 우리에게 사랑을 소개하시는 것과 같은 이유에서입니다. 즉, 우리를 하나님 가까이 데려가시기 위해서입니다. 사랑의 만남과 보지 못한 세계와의 접촉이 그렇듯이, 건조함과 실패는 우리를 그리스도 가까이 데려갑니다. 우리가 스스로의 추론이나 노력에 의해서 하나님께 가까이 가는 것이 아니라는 것을 잘 알고 계시기 때문에, 하나님은 우리에게 건조함을 주십니다. 우리가 행하는 일들은 우리를 하나님께 가까이 가게 하지 못하고 하나님을 우리 가까이에 오게 하지도 못합니다. 우리의 노력으로는 하나님의 높은 길을 이해할 수 없습니다.

그렇다면, 우리는 어떻게 배워야 합니까? 겸손하게 하나님의 뜻에 맡겨야 합니다. 이것이 우리의 출발점입니다.

노아는 그것을 보여 주는 완전한 본보기입니다. 세상 사람들은 노아를 바보라고 생각했습니다. 후일 온 세상이 물로 덮였을 때, 노아는 자신이 돛이나 노가 없이 사나운 바다 가운데 있는 것을 발견했습니다. 그 암울한 시기에, 그는 오직 믿음에 따라서 행했습니다. 그가 하나님의 마음을 이해했다고 생각해서는 안 됩니다. 그는 하나님의 생각을 이해하지 못했습니다.

그러므로 가능한 한 인내해야 합니다. 되도록 건조함이나 실패에 관심을 기울이지 마십시오. 깊은 기도를 추구하는 일을 포기하지 마십시오. 많은 건조함이나 실패를 만나도 상관하지 마십시오. 굳은 믿음을 가지고 행하십시오. 자아에 대해서 죽고, 하나님을 알려는 본성적인 노력을 모두 버리십시오. 하나님에게는 실수가 있을 수 없다는 것, 그리고 하나님께서 행하시는 모든 일은 우리의 유익을 위한 것이라는 것을 기억해야 합니다.

임종하는 사람은 반드시 괴로워해야 한다고 생각한 적은 없습니까? 우리는 말없이 체념한 상태로 하나님을 기다리면서 우리의 시간을 얼마나 잘 사용합니까?

하나님의 축복은 우리의 다섯 가지 감각을 의지하지 않습니다.

그렇다면, 하나님의 축복은 무엇을 의지합니까? 그 대답 역시 우리의 내면 깊은 곳에 있습니다. 그러므로 믿음으로 말없이 인내하면서 하나님께 나아가십시오. 확신을 가지고 나아가십시오. 하나님 안에서 안식하며, 하나님의 안내를 받으십시오. 그것이 세상에 있는 모든 좋은 것보다 좋은 것입니다.

방아를 돌리는 소를 보십시오. 소는 아무 곳에도 가지 않고 아무 일도 하지 않는 것 같지만, 실제로는 큰일을 합니다. 소가 하는 일을 실패라고 할 수는 없습니다.

소는 곡식을 받지 않지만, 주인은 큰 선물을 받으며 소가 수고하여 만든 것을 누립니다.

우리가 순수하게 그리스도를 추구하는 것 자체가 충분한 보상입니다.

씨앗은 땅 속에 뿌려집니다. 겉으로 보면 씨앗이 없어진 것 같지만, 봄이 되면 씨앗은 자라서 많은 열매를 맺습니다. 하나님께서 우리에게 행하시는 일도 이와 같습니다.

하나님은 우리에게서 위로를 빼앗아 가십니다. 게다가 우리는 삶에서 영적인 진보를 보지 못합니다. 어떻게 보면 전혀 진보하지 못하는 듯합니다. 그러나 시간이 흐르고 나면, 우리가 바라던 것보다 훨씬 더 부요해진 것을 발견하게 됩니다.

깊은 기도를 추구하는 데 있어서 처음에 목적했던 것을 성취하지 못해도 자신을 멸시하지 마십시오. 평안하게 자신을 하나님 앞에 두십시오. 참고 인내하십시오. 눈가리개를 한 사람처럼, 하나님의 무한하신 은혜를 신뢰하십시오. 많이 생각하거나 추론하지 마십시오. 하나님 아버지의 인자하신 손에 삶을 맡기고, 하나님의 거룩하시고 기뻐하시는 뜻이 아닌 것은 결코 행하지 않기로 결심하십시오.

5 표면적인 기도의 한계

 숙고, 요청, 묵상, 추론, 객관적인 토론에 불과한 기도에 의해서는 하나님과의 관계 안에서 보다 깊이 행할 수 없다는 것이 영적인 신자들의 일반적인 견해입니다. 그러한 기도는 기껏해야 영적 추구를 시작할 때에만 유익한 것이 될 수 있습니다.

 게다가 표면적이고 객관적인 기도는 아주 신속하게 학습됩니다.

 그러나 여기에서 다루는 그리스도와의 관계는 신속하게 학습되는 것이 아닙니다.

 만일 우리가 표면적인 기도(사람들이 가장 흔히 행하는 기도)를 계속 한다면, 그리고 그러한 일이 진보가 없이 여러 해 동안 계속된다면, 우리는 크게 시간을 낭비하고 있는 것입니다. 이미 우리 안에 하나님을 소유하고 있는데, 왜 밖에서 하나님을 찾으려고 노력하고, 밖에서 기도할 장소를 찾으며, 지적으로 노력합니까?

성 어거스틴은 그것을 다음과 같이 훌륭하게 요약했습니다:

> 주님, 나는 길 잃은 양처럼 속으로 걱정스럽게 추론하면서 당신을 찾아 방황했습니다. 나는 밖에서 당신을 찾아다니다가 지쳤습니다. 그러나 당신은 내 안에 거하고 계셨습니다. 내가 당신을 바라고 갈망했으면 얼마나 좋았을까요! 나는 이 세상 도시의 거리와 광장들을 돌아다녔지만 당신을 찾지 못했습니다. 당신은 내 안에 계셨건만, 헛되이 밖에서 당신을 찾았던 것입니다.

우리는 밖에서 하나님을 발견하지 못할 것입니다. 또 추론과 논리학과 표면적인 정보에 의해서도 하나님을 발견하지 못할 것입니다. 하나님은 우리 각 사람의 내면에 현존해 계십니다. 항상 하나님을 구하고 하나님께 호소하고 하나님을 바라고 하나님의 이름으로 날마다 기도하면서도, 자신이 살아 있는 성전이요 하나님의 참된 거처라는 것을 발견하지 못하는 사람들은 눈 먼 소경입니다.

그들의 영혼은 항상 그들 안에 거하시는 하나님의 보좌입니다.

자기의 내면에 하나님의 도구가 있다는 것을 알면서도, 밖에서 그것을 찾으려는 사람은 바보가 아닙니까? 배가 고프면서도 먹기를 거부하는 사람이 어찌 배가 부를 수 있겠습니까? 그러나, 많은 선한 사람들은 누리지 못한 채 항상 구하기만 하면서 이러한 생활을 합니다. 그들이 하는 일은 불완전합니다.

영적인 길이 어렵다고 생각하지 말아야 하며, 또 그 길이 고결한 사람들만을 위한 것이라고 생각하지도 마십시오.

주님은 사도들을 택하시면서 이것이 참이 아니라는 것을 분명히 하셨습니다. 사도들은 무식하고 비천한 사람들이었습니다. 주님은 "아버지여 이것을 지혜롭고 슬기 있는 자들에게는 숨기시고 어린아이들에게는 나타내심을 감사하나이다"라고 말씀하셨습니다. 추론이나 표면적인 기도에 의해서는 그처럼 심오한 것들이나 내면에 있는 깊은 곳을 획득하지 못합니다.

어미가 버리고 떠난 새들을 돌보시는 하나님께서 우리를 버리실 것이라고 생각합니까? 새들을 보십시오. 새들은 이성을 가지고 있지 않고 말도 하지 못하지만, 하나님은 그것들을 보살피시며 필요한 양식을 주십니다. 새들은 멋진 기도문으로 솜씨 좋게 기도하지 못하며, 또 솜씨 좋게 기도하지 못한다고 해서 기분이 상하지도 않습니다. 그런데 왜 우리가 그래야 합니까?

우리가 감각적인 즐거움을 빼앗겼으며 그렇기 때문에 믿음의 도움을 받아 여행을 해야 한다는 것—심지어 사람들이 가지 않는 어두운 길로 가야 한다는 것—을 발견하는 것은 좋은 일입니다. 우리는 그 길이 어디로 이어지는지 확실히 알지 못합니다. 그러한 경험이 없다면, 우리가 영적인 여행에서 어느 장소에 도착하기 어려울 것입니다. 그것은 고통스럽지만 확실한 길입니다. 비록 하나님께서 우리에게서 떠나셨으며, 기도할 것이 없어도, 우리는 흔들리지 말고 한결 같아야 합니다.

6 두 가지 영적인 경험

우리는 신자로서의 여정에서 두 가지 범주의 영적인 경험을 하게 될 것입니다. 하나는 부드럽고 기분 좋고 사랑스러운 범주의 경험입니다. 나머지 하나는 매우 모호하고 건조하고 어둡고 황량한 경험일 수 있습니다. 하나님은 우리를 하나님 편으로 만들기 위해서 기분 좋은 경험을 주시며, 우리를 정화하기 위해서 건조하고 황량한 경험을 주십니다.

하나님은 처음에는 우리를 어린아이처럼 다루지만, 점차 우리를 튼튼한 사람처럼 대하기 시작하십니다. 첫째, 표면적으로 감각할 수 있는 것과 결합된 많은 기독교적 경험이 있습니다. (우리는 이러한 기분 좋은 표면적인 경험에 매력을 느끼며, 심지어 그것들에게 중독 될 수도 있습니다.) 그러나 또 다른 범주의 기독교적 경험은 표면적인 감각을 중요시 하지 말라고 요구합니다. 우리는 정념과의 싸움에 대해 알아야 하며, 하나님께 완전히 동의하고 일치하는 뜻을 획득해야 합니다. 이것이 우리에게 맞는 일입니다.

건조한 시기는 우리의 유익을 위해 하나님이 사용하시는 도구입니다. 그러한 시기에 우리의 오감이 박탈되고 표면적인 경건을 지향하는 표면적인 발달이 종식됩니다. 그러한 시기에 우리는 기도와 기독교적 삶의 많은 부분을 포기하거나, 아니면 표면적인 감각과 관계가 없는 위로를 향하게 될 것입니다.

건조한 시기에 대한 관계 안에서 우리에게 임하는 휘장이 있습니다. 건조한 시기란 하나님께서 행하시는 것을 우리가 알지 못하는 시기입니다. 만일 하나님이 행하시는 것—우리의 겉사람에게 행하시는 일과 속사람에게 행하시는 일—이 무엇인지를 우리가 항상 안다면, 우리는 대단히 주제넘게 될 것입니다. 만일 하나님이 행하시는 일을 우리가 항상 안다면, 우리는 자신이 매우 훌륭하게 행동하고 있다고 생각할 것입니다. 심지어 자신이 하나님께 아주 가까이 다가갔다고 생각할 수도 있을 것입니다. 그러나 그러한 결론은 곧 우리의 파멸로 이어질 것입니다.

표면적인 환경에 의지하는 것, 표면적인 감각들을 의지하는 영적 이해에 대한 모든 것은 소멸되어야 합니다. 건조함에 의해서 소멸되어야 합니다.

주님은 이러한 건조한 땅, 황량한 장소를 사용하십니다.

농부는 봄에 씨를 뿌리고 가을에 수확합니다. 하나님도 이와 아주 비슷하게 행하십니다. 하나님은 원하시는 때에 우리에게 시험을 대적할 힘을 주십니다. (종종 전혀 예상하지 않은 때에 우리에게 힘이 주어집니다.)

건조한 시기에도 끈기 있게 심오한 방법으로 주님을 찾는 신자가 맺는 열매는 무엇입니까? 우리는 그러한 시기를 견뎌내고 인내하면서 주님을 따른 결과가 무엇일 것이라고 기대합니까?

우리는 견인의 은사를 배우게 될 것입니다. 견인의 은사에는 많은 열매와 유익이 있습니다. 우리는 조금씩 이 세상 것들에 대해 싫증을 느낄 것이며, 과거의 삶의 욕망들이 힘을 잃고 주님을 향한 새로운 갈망이 생겨날 것입니다.

또 과거에는 전혀 관심을 갖지 않았던 것들에게 관심을 기울이고 그것들을 깊이 생각하는 법을 배울 것입니다.

우리는 악을 행하려 할 때에, 내면 깊은 곳에서 악을 행하지 못하게 억제해 주는 경고를 감지할 것입니다. 세상의 쾌락에 대한 애착이 근절될 것입니다. 그리고 우리는 자신을 세상의 쾌락으로 끌어가는 대화나 환경에서 도망칠 것입니다. 그리고 과거에는 양심의 가책을 느끼지 않고 행하던 것들을 버리게 될 것입니다.

우리가 하찮게 여겨 잘못을 범할 때에, 우리의 내면에서 책망하는 소리가 들려와 우리를 크게 괴롭게 할 것입니다.

우리의 내면에서 점차 자원하는 마음, 기꺼이 고난을 받으며 하나님의 뜻대로 행하려는 마음이 자라날 것입니다.

또 거룩한 것들을 향하는 성향들이 내면에서 점차 자라날 것입니다. (아마 이기적인 본성, 정념들, 우리를 기다리고 있는 원수들도 쉽게 다룰 수 있을 것입니다.)

우리는 자신의 이기적인 본성을 알게 되며 또 그것을 멸시하게 될 것입니다. 이러한 심오한 통찰―이러한 계시―이 없이 이루어지는 영성과 관련된 모든 시도는 무력합니다. 우리는 하나님을 공경하게 될 것입니다. 또 하나님을 버리고 떠나는 것 자체가 큰 고난이요 상실이 될 것이므로, 우리는 하나님의 임재를 포기하지 않기로 굳게 결심할 것입니다.

또 우리의 내면에 평화로운 의식이 자리 잡을 것입니다. 하나님의 주권에 대한 신뢰, 그리고 다른 모든 사물에 대한 초연함이 형성될 것입니다.

이 모든 것이 우리가 건조한 기도를 끈질기게 계속한 데 따른 결과로서 실현될 수 있습니다. 기도하는 동안에는 이런 것들을 느끼지 못하겠지만, 나중에 하나님께서 적절하다고 생각하시는 하나님의 때가 되면, 이러한 속성들이 나타나기 시작할 것입니다.

위에서 언급했던 것들은 영적 기도라는 작은 나무에서 솟아나오는 새 싹들과 같습니다. 그 나무가 마른 것처럼 보인다고 해서, 그리고 열매가 많지 않다고 해서, 또는 그 싹들이 매우 작아서 결실을 맺지 못할 것처럼 보인다고 해서,

이 작은 나무를 포기하렵니까? 우리는 참고 인내해야 합니다. 그럼으로써 영혼이 유익을 얻을 것입니다.

7 두 가지 헌신

기도에 두 종류가 있듯이, 헌신에도 두 종류가 있습니다. 하나는 참된 헌신이고, 나머지 하나는 감각과 결합된 것입니다.

참된 헌신 안에는 특별히 큰 즐거움도 없고 많은 눈물도 없습니다. 표면적인 감각(우리가 느끼는 방법, 생각하는 것, 논리적인 결론, 외부 환경, 축복, 문제들의 엄습, 혼동, 의심, 가난, 건강의 악화, 부, 좋은 친구들, 많은 원수들 등)에 기초를 둔 헌신을 추구해서는 안 됩니다. 그러한 헌신은 내면의 길에서의 진보와 발전을 방해하는 장애물입니다.

어떤 신자들은 주님과 함께 있는 시간이 즐겁고 기쁘고 흥분되면 자신이 하나님의 은총을 받고 있다고 생각합니다. 나아가 그들은 자기들이 하나님을 소유하고 있으며 하나님과 특별히 동행하고 있다고 추정합니다. 그들은 평생 이처럼 하나님과의 즐거운 관계를 바라면서 삽니다.

이러한 생각은 철저히 잘못된 생각입니다.

방금 묘사한 것과 같은 주님과의 관계에서는 모든 것이 본성적입니다. 그것은 우리 자신의 본성을 반영한 것—감정적인 흥분이나 지적인 자극—에 불과하다고 증명될 것입니다.

한 가지 분명한 사실은 다음과 같습니다: 영적인 추구를 하면서 여기에서 더 나아가지 못하는 것, 이렇게 행하는 것이 옳은 것이며 하나님께 대한 가장 즐거운 관계라고 결론짓는 태도 때문에 신자는 주님께 대한 참된 관계를 획득하지 못합니다. 우리의 내면 가장 깊은 곳에 깨끗한 영이 있다는 것을 깨달아야 합니다. 우리의 영은 감정이 느끼는 것과 동일한 방식으로 느끼지 않습니다. 영의 내면에서 진행되는 것은 우리의 존재의 외적인 부분에서 진행되는 것을 감지하듯이 표면적으로 감지할 수는 없습니다. 우리의 영은 일어서서 자신이 사랑하는 것을 알고 있으며 사랑하는 것을 느낀다고 말할 필요가 없습니다. 우리의 영은 그런 것들을 필요로 하지 않습니다.

(우리 자신의 본성이 아니라) 주님의 본성을 닮으려면 내면의 길을 추구해야 합니다. 그렇게 하려면 삶의 안내를 주님께 맡기고, 건조하고 어두운 장소에서 주님이 우리의 빛이 되시기를 기대해야 할 것입니다.

"아무 것도 일어나지 않는" 시간은 낭비되는 시간이 아닙니다. "하나님을 기다리지 않는 것만이 유일하게 큰 게으름이다"라는 지혜로운 말이 있습니다.

그것은 하나님을 위한 시간을 갖지 못하는 게으름입니다. 그것은 모든 분주함을 초월하는 분주함입니다. 거듭 말하거니와, 주께 가까이 가는 것, 주님의 내적인 감화를 따르는 것, 내면 깊은 중심에서 주님의 거룩한 영향력을 받아들이는 것, 뜻을 다하여 주님을 경외하는 것, 기도하는 동안에 일어나는 모든 상상과 개념과 생각을 버리는 것—이것이 참된 영적 성장으로 인도해 주는 길입니다.

두 종류의 어두움

어두움에도 두 종류가 있습니다. 즉 불행한 어두움이 있고 행복한 어두움이 있습니다.

불행한 어두움은 죄에서 생겨납니다. 그것은 불행으로 가득 차 있으며 신자를 영원한 죽음으로 인도하는 어두움입니다. 행복한 어두움은 덕을 세우고 정착시키기 위해서 주께서 우리의 내면에 허락하시는 어두움입니다. 그것은 우리의 영을 조명해 주고 튼튼하게 해 주고 밝은 빛을 주기 때문에 행복한 어두움입니다.

따라서 우리가 가는 길이 희미하고 어두워도 근심하거나 염려하지 말아야 합니다. 또 하나님의 임재가 부족하다거나 하나님이 우리에게서 떠나셨다 거나 우리를 사랑하지 않는다고 생각해서도 안 됩니다. 우리가 과거에 소유했던 빛이나 주님과 함께 누렸던 관계를 잃었다고 생각해서도 안 됩니다.

이러한 어두움의 시간을 행복한 어두움, 내면의 여행에서 참고 견뎌야 할 어두움으로 여겨야 합니다. 그것은 무한히 자비하신 하나님이 우리를 내면의 길로 데려 가려 하신다는 분명한 표식입니다. 사랑하는 친구여, 당신이 체념을 하고 이러한 시간을 단순히 받아들인다면 얼마나 좋은 결과가 나타날까요! 그 시기는 당신의 영적인 유익을 위한 시기입니다. 그러한 어두움의 시기는 하나님을 향해 가는 당신의 여정을 더디게 만들지 않습니다. 그렇게 보일 수도 있지만, 실제로 어두움의 시기는 당신의 여정의 최종 목적지를 향해 서둘러 가게 만듭니다.

한 가지 특별한 일을 지적하렵니다.

아마 당신에게서 본성적인 빛이 제거되었기 때문에 당신은 어두움 속으로 가게 될 것입니다. 그러나 이 어두움 속에서 당신은 먼저 당신의 영 안에 있는 초자연적인 빛—어두움 속에서 자라서 커지는 빛—을 발견하기 시작할 것입니다. 종종 건조한 시기에 지혜와 강력한 사랑이 잉태됩니다.

(물론 어두움의 시기, 또는 건조한 시기에 하나님 사랑하는 일을 멈추거나 세상적인 것을 추구한다면, 이러한 유익을 얻지 못할 것입니다.)

표면적으로 큰 영적 기쁨의 시기가 아니라 어두움의 시기에, 이기적인 본성은 치명적인 타격을 받습니다. 신성에 대해 비틀린 견해를 주는 온갖 이미지와 사상과 장애물들이 소멸됩니다. 여기에서 논의한 것과 같은 수단에 의해서, 신자는 내면의 길로 인도됩니다.

마지막으로, 주님은 우리의 표면적인 감각들을 깨끗이 제거하기 위해서 건조한 시기를 사용하십니다. 감각의 제거는 우리의 내적 진보에 필요한 것입니다.

그렇다면, 우리는 건조한 시기와 어두움의 시기를 어떻게 생각해야 합니까? 그러한 시기를 존중하고 포용해야 합니다. 그런데, 어두움의 시기에 우리는 무엇을 해야 합니까?

믿으십시오.

우리가 주님 앞에 있다는 것, 주님의 현존 안에 있다는 것을 믿으십시오. 조용히 집중하면서 계속 주님께 오십시오. 무엇을 발견하려고 노력하지 마십시오. 이해하려고도 하지 마십시오. 특별히 어두움을 탈출할 길을 찾으려고 하지 마십시오. 무엇보다도 영적인 풍성함과 축복이 절정에 달했던 시기에, 그리고 가장 신실했던 시기에 했던 것처럼 계속 하나님 앞에 나아가는 일을 멈추지 마십시오.

하나님을 향한 어떤 감정이나 헌신을 찾으려 하지 마십시오. 그저 하나님이 원하시는 대로 행하려는 소원을 표현하십시오. 그렇지 않으면, 평생 동안 제자리를 맴돌 뿐 내면의 목표를 향해 한 걸음도 나아가지 못할 것입니다. 예수 그리스도와의 감정적인 경험이 목표가 되어서는 안 됩니다. 왜냐하면 그것은 예수님의 목표가 아니기 때문입니다.

9 영적 관심의 상실

 아마 표면적인 생활에 대해서 죽기로 결심하고 하나님의 높은 산을 향해 이동한 직후에, 당신은 마치 당신에게 유리하게 되어지는 일이 아무 것도 없는 것처럼 느낄 것입니다. 당신이 소중히 여기던 놀라운 경험들이 고갈될 것입니다. 당신은 영적인 일에 대해 논할 수 없거나, 하나님에 대해 선한 생각을 할 수 없게 된 것을 발견할 것입니다. 하늘이 노랗게 변한 것처럼 보이며, 빛도 없는 것처럼 보일 것입니다. 그리고 다시 집중하고 생각을 하게 되어도, 생각들이 당신을 위로하지 못할 것입니다.

 만일 당신이 이러한 상황에 있다면, 원수는 분명히 더러운 생각, 조급함, 교만, 격분, 저주, 혼동 등을 당신에게 가져

올 것입니다. 당신은 하나님의 일들을 싫어할 수도 있습니다. 그리고 영적 이해력의 예리함을 상실했다고 느낄 것입니다. 심지어 하나님이 없다고 느끼기도 할 것입니다. 당신은 자신 내면에 선한 갈망이 하나라도 있는지 의심할 것입니다.

그러나 두려워하지 마십시오. 이러한 시기와 이러한 일들은 깨끗이 정화하는 효과를 가지고 있습니다. 당신은 자신이 무가치하다는 의식, 표면적인 욕망들에 대처해야 할 필요가 있다는 의식 안에서 성장할 것입니다. 주님만이 표면적인 감각이라는 요나를 바다에 던져 넣으실 수 있습니다. 당신의 노력과 몸부림은 무가치하다는 것을 아십시오. 표면적인 경건의 노력이나 자기 부인의 노력은 효과가 없을 것입니다. 그런 일들은 당신에게 빛—"너는 아무 것도 할 수 없다. 모든 것은 하나님의 손 안에 있지 네 손에 있지 않다"고 말하는 빛—을 비추어주는 데 도움을 줄 것입니다.

우리의 본성은 천하고 교만하고 야심적이고, 많은 욕망과 판단과 합리화와 견해들로 가득합니다. 우리를 겸손하게 만드는 것이 우리 삶에 들어오지 않는다면, 이 모든 것들이 우리를 파멸시킬 것입니다.

그렇다면, 주님은 무슨 일을 하십니까? 주님은 우리의 믿음이 공격을 받는 것을 허락하십니다. 심지어 교만, 탐식, 격분, 신성모독, 저주, 낙심 등의 생각으로 공격을 받는 것도 허락하십니다. 이것들은 이러한 공격의 한복판에 있는 좋은 약으로서 우리의 본성적인 교만을 낮추는 역할을 합니다.

이사야는 의는 우리의 허영심과 자만심과 이기적인 사

랑 때문에 더러운 냄새가 나는 누더기와 같다고 말합니다.

주님은 우리 영혼을 깨끗이 하기를 원하시며, 아주 거친 연장을 사용하실 수 있습니다. 주님은 우리 삶에서 순수하고 고귀한 것을 공격하실 지도 모릅니다! 이러한 공격은 영혼을 각성하게 하는 계시의 역할을 합니다…그것은 영혼이 자신의 본성적인 상태가 얼마나 끔찍한지를 발견하고 알게 하는 역할을 합니다.

만일 그러한 때에 우리가 어떤 사람에게서 영적인 조언을 구한다면 약간의 도움을 받을 수도 있겠지만, 그러한 도움을 기대하는 것은 그다지 지혜로운 일이 아닐 것입니다. 우리의 내면 깊은 곳에는 내적인 평화의 장소가 있습니다. 이 시기를 헤쳐 나가야 한다면, 그리고 그 평화를 잃지 않으려면, 믿어야 합니다. 하나님의 자비를 믿어야 합니다… 그 자비가 우리를 비천하게 하고 괴롭히고 시험해도 믿어야 합니다. 우리가 주님 앞에서 잠잠할 수 있다면, 참으로 행복할 것입니다. 비록 이러한 시기가 마귀에 의해 초래된 것이라고 해도, 우리는 하나님의 주권적인 손 안에 있으며, 이러한 일들은 우리의 유익과 영적 이익을 위한 것으로 드러날 것입니다.

그러나 우리는 항의하면서 이렇게 말할 것입니다: "나의 문제는 그러한 성질의 것이 아닙니다. 문제는 주님도 아니고 마귀도 아닙니다. 나에게 일어나고 있는 일은 인간에게서 오는 것입니다. 그것은 내 이웃에 의해서, 악의와 불의에 의해서 옵니다. 부당한 대접을 받고 있는 것이 나의 문제입니다."

주님은 어떤 사람이 우리에게 범죄하는 것을 원하지 않지만, 우리에게 범해진 죄의 결과들이 주님께 대한 영광으로 드러나기를 원하십니다. 주님은 우리의 인내가 성장하기를 원하십니다.

우리가 신자나 불신자로 인해 상처를 입을 때, 거기에는 두 가지 일이 포함됩니다: 상처를 입힌 사람의 죄, 그리고 그것이 우리에게 주는 교훈. 우리에게 상처를 준 사람의 죄는 주님께 대한 범죄가 되며 주님을 불쾌하게 할 수도 있지만, 그것이 우리에게 준 상처는 주님의 뜻에 따른 것이요 우리의 유익을 위한 것입니다. 그렇다면 우리가 그 뜻을 받아들이는 것…그것이 하나님의 손에서 직접 주어진 것인

듯이 받아들이는 것 외에 다른 대안이 없습니다.

이것을 예증하는 것으로서 우리 주님의 삶을 바라보십시오. 주님은 빌라도의 사악함과 죄 때문에 죽으셨지만, 주님의 죽음은 우리를 대속하기 위한 것이었습니다.

주님은 우리 영혼의 유익을 위해 다른 사람의 잘못을 이용하십니다. 주님의 거룩한 지혜는 참으로 크십니다!

> 주님, 당신의 깊은 비밀을 누가 헤아릴 수 있습니까! 당신이 우리 영혼을 깨끗하게 하시고 변하게 하시고 변화시키기 위해 우리 영혼을 인도하시는 놀랍고 감추인 길을 누가 찾아낼 수 있겠습니까!

우리가 회심할 때에 주님은 우리 안에… 우리의 영 안에…우리의 존재의 가장 깊은 곳에 와서 거하셨습니다.

우리의 영혼이 하늘의 왕의 거처가 되려면, 영혼이 변화되어야 합니다. 주님은 뜨거운 풀무 속에서 금을 정련하듯이, 우리 영혼을 정화하십니다.

영혼은 고통을 당하는 시기에 가장 크게 사랑하고 믿습니다. 우리를 괴롭히는 의심과 두려움과 환란은 하나님의 사랑의 정련입니다.

만일 이 사실에 대한 증거가 필요하다면, 불이 꺼진 후에 영혼 안에서 이루어지는 진보를 살펴보십시오.

첫째, 이기적인 본성에 대한 불신이 커지며 하나님의 위대하심과 전지하심을 깊이 인정하게 됩니다. 주께서 우리를 모든 위험에서 구해 주실 것이라는 확신이 커집니다. 게다가 강력한 믿음을 가지고 이러한 확신을 고백하려 합니다.

사랑하는 이여, 그러므로 이처럼 어려운 때를 큰 행복으로 여기십시오. 많은 공격을 받으면 더욱 평안한 마음으로 즐거워해야 합니다. 슬퍼하지 마십시오. 하나님께서 행하시는 은총에 대해 감사하십시오. 지금 당신에게 일어나고 있는 일은 무시하십시오. 원수는 하나님의 자녀에게 온갖 일을 행하면서도 무시를 당할 때에 가장 크게 무기력해집니다. 그 이유는 무엇일까요? 이는 자신이 행하고 제안하는 모든 것이 전혀 쓸모가 없다는 것을 깨닫기 때문입니다.

원수를 보지 못하는 것처럼 생활하십시오. 근심하지 말고 평안하게 살아가십시오. 이해해 달라고 부탁하거나 질문하지 마십시오. 가장 위험한 것은 마귀와 이성적으로 겨

루는 것입니다. 마귀는 속임수에 아주 능합니다.

하나님의 자녀는 비탄의 골짜기와 부당한 공격들을 통과해야 합니다. 주님은 아주 거룩한 사람들도 이렇게 다루십니다. 그들은 가장 큰 시험들을 통과합니다. 그 이유는 무엇일까요? 그것은 그들이 장차 큰 면류관을 받으며, 헛된 영광의 영이 정지되며, 하나님과의 관계 안에 굳게 서게 하기 위해서입니다.

11 시험

 시험 중에서 가장 큰 시험은 전혀 시험을 받지 않는 것입니다. 가장 큰 공격은 전혀 공격을 받지 않는 것입니다. 그러므로 공격을 받을 때에 기뻐하십시오. 체념하고 평안하게 견실하게 지내십시오. 그리고 내면에 거하십시오.

 우리는 시험의 길을 걸어가야 합니다. 이 길을 걸어가다 보면 우리의 내면의 부분들이 흐트러져 있다는 것을 발견하게 될 것입니다. 흐트러져서 여기저기로 움직이고 있다는 것을 알게 될 것입니다. 그곳은 무척 번잡합니다.

 우리의 내면에서 발생하고 있는 이 다양하고 많은 것들을 집중시키려면 어떻게 해야 할까요?

 우리 주님은 믿음에 의해서, 그리고 침묵에 의해서 그것들을 하나님의 현존 안에 불러 모으십시오. 하나님을 사랑하려는 하나의 목적과 의도를 가지고 하나님의 현존 안에서 마음을 가라앉히십시오. 자신을 하나님께 바치려는 사람처럼 하나님께 나아오십시오. 영 안의 가장 깊은 곳에서 하나님을 바라보십시오. 사랑 안에서 쉬며, 특별한 요구나 주장이나 소원을 위해서 나아오지 말고 총체적인 사랑과 믿음의 방법으로 하나님께 나아오십시오.

삶을 하나님의 손에 맡기십시오. 하나님께서 선한 뜻에 따라서 준비해 주시는 목적에 맡기십시오. 당신 자신이나 당신이 획득하기를 바라는 목표에 대해 곰곰이 생각하지 마십시오. 감정으로부터 벗어나며, 합리성과 논리에서도 벗어나고…행복에 대한 모든 염려를 하나님께 맡기십시오. 삶의 현재의 일에 관심을 두지 마십시오.

앞에서 말한 것처럼, 우리의 믿음은 깨끗해야 하고, 우리의 사랑은 총체적이어야 합니다. 상상력이나 추론을 사용하지 말며, 분명한 특성을 가진 것들에게 관심을 집중하지 마십시오. 생각들을 바쁘게 하지 않도록 하십시오.

내면의 존재의 흐트러진 부분들을 어떻게 모으렵니까?

야곱이 새벽까지 밤새도록 여호와와 씨름했던 것을 기억하십니까? 그런 후에야 여호와는 야곱을 축복하셨습니다. 우리에게도 그와 같은 인내가 필요합니다. 내면의 존재를 집중시킬 때에 직면하는 모든 어려움에 맞서서 참고 인내하십시오. 주님의 내적인 빛의 밝은 태양이 내면에 나타날 때까지 계속 인내하십시오. 주께서 우리의 영을 축복하실 때까지 꾸준히 견디십시오.

자신을 주님께 맡기고 주님과 동행하고 주님 안에서 내적인 방법으로 살게 되면, 지옥이 우리를 대적하여 음모를 꾸밀 것입니다. 자신의 내면 속으로 들어간 한 사람은 표면적으로 사는 천 명보다 더 치열하게 원수와 싸웁니다. 자신의 내면의 여러 부분들을 불러 모으는 신자가 얻는 무한한 유익을 원수는 알고 있습니다.

야심을 경계하십시오. 신령하게 되고자 하는 야심까지도 경계하십시오. 우리가 이 세상에 사는 것은 우리 자신을 위해서가 아니라 하나님을 위해서입니다. 주님은 하나님 나라에서 크게 되려는 야심보다는 내적으로 우리 자신을 잠잠하게 만들려고 노력하면서 갖게 되는 문제들을 더 존중하십니다.

우리는 산만한 생각에 저항하려고 노력하겠지만, 그러한 생각에 저항하지 않는 것보다 저항하려고 노력함으로써 더 근심하게 될 것입니다. 우리 자신의 연약함 속에서 산만한 정신의 골치거리들을 모두 하나님께 양도하는 것이 좋습니다. 그리고 나서 산만한 생각들이 허락하는 한, 하나님께 돌아가야 합니다. 아마 우리는 빛을 감지하지 못할른지도 모릅니다. 영적인 것이 전혀 우리에게 발생하지 않는다고 느낄른지도 모릅니다. 그러나 불안해하지 마십시오. 마음을 가라앉히십시오. 그리고 초지일관하십시오.

> 내 생각들이 하나님을 떠나 방황하려 하거나, 또는 그것들이 영원히 하나님을 떠나 방황하거나, 나 자신이 방황했다는 것을 깨달을 때면, 나의 정신이 방황한 것 때문에 좌절하지 않고 나 자신을 하나님께 다시 바칠 것입니다.

우리가 건조한 기도에서 벗어나는 것은 준비가 부족하기 때문이라고, 그리고 하나님 앞에서 보낸 시간이 아무런 유익을 주기 못했기 때문이라고 생각하십니까? 만일 그렇게 생각한다면, 우리의 믿음은 잘못된 믿음입니다. 참된 기도는 주님을 즐기는 것이 아니고, 주님의 빛을 즐기는 것도 아닙니다. 또 영적인 것들에 대한 지식을 획득하는 것도 아닙니다.

(우리는 사색적인 이해를 통해서 영적인 것들에 대해 배울 수 있습니다. 또 그러한 것들에 대해 통달하면서도 주님의 덕이나 변화시키는 역사는 전혀 소유하지 못할 수 있습니다.)

믿음으로 하나님을 바랄 때에 일관성 있게 참된 기도를 계속할 수 있습니다. 자신이 하나님의 현존 안에 있다고 믿으십시오. 마음을 다하여 하나님을 의지하고 있다고 믿으십시오. 그리고 고요히 하나님 앞에서 기다리십시오. 우리가 준비해야 할 것은 그것뿐입니다. 최종적인 결과에는 많은 열매가 포함됩니다.

원수가 와서 우리를 불안하게 하며 어려움을 초래할 것이라고 예상해야 합니다. 왜냐하면 그것이 원수의 본성이기 때문입니다. 우리는 자신이 항상 누려온 것들—우리의 표면적인 감각들이 영적인 것들에게서 빼앗은 즐거움들—이 약해지는 것을 발견할 것입니다.

심지어 싫증이 날 것도 기대할 수도 있습니다. 훈련이 어려워질 수도 있습니다. 그러나 어떤 문제가 임하든지…참고 견디십시오!

무수히 많은 생각이라는 문제들, 상상력의 문제들, 본성적인 욕망의 도발, 매우 건조한 내면생활의 문제들을 겪게 되리라고 예상할 수 있습니다.

이러한 상황들은 건조함이라고 언급되며, 매우 유익한 것들입니다. 다시 말해서, 만일 우리가 그것들을 포용하며 인내하면서 받아들인다면, 그것들은 유익한 것이 될 수 있습니다.

만일 주님을 위해 떼어 놓은 시간에 아무 것도 하지 않은 것처럼 보여도, 낙심하지 마십시오. 선한 마음—견실하게 기도하는 것—은 주님이 매우 기뻐하시는 것입니다.

이런 태도로 주님 앞에 나아가는 사람은 개인적인 관심을 갖지 않습니다. 그는 오직 하나님의 영광을 위해 수고합니다. 물론 헛되이 기다리는 것처럼 보일 수도 있지만, 실상은 그렇지 않습니다. 우리는 아버지와 함께 밭에서 일하는 아들들과 같습니다. 삯꾼들은 하루 일을 마치면 품삯을 받지만, 우리는 삯을 받지 않습니다.

그러나 그 해가 저물 때에는 모든 것을 누립니다.

12 사람들은 하나님을 찾는다고 하지만 실제로는 자기를 찾습니다

하나님은 가장 많은 일을 행하는 신자를 사랑하시는 것이 아니며, 가장 많이 느끼는 사람을 사랑하는 것이 아니고, 가장 선하고 현명하게 생각하는 사람을 사랑하는 것이 아니며, 가장 큰 사랑을 나타내는 사람을 사랑하시는 것도 아닙니다. 하나님은 가장 많이 고난을 받는 사람을 사랑하십니다.

깊은 기도는 표면적인 감각을 의지하는 기도가 아니고, 또 우리의 본성적인 자아를 즐겁게 하는 것들을 의지하는 것도 아닙니다. 이것은 우리 안에 있는 어떤 부분들의 죽음을 요구하는 것에 대한 말인 동시에 주님을 기쁘시게 하는 것에 대한 말이기도 합니다.

우리에게 하나님의 길에 대한 감정적인 경험이 없고 지적인 통찰이 없을 때, 원수는 하나님께서 아무 것도 말씀하시지 않았다고 속삭일 것입니다. 그러나 우리가 말을 많이 한다고 해서 하나님이 감동을 받으시는 것은 아닙니다. 하나님은 우리 마음의 깨끗한 의도에 감동하십니다. 하나님은 우리의 내면이 겸손해지고 고요하며 하나님 및 하나님의 뜻에 완전히 복종하기를 원하십니다. 우리는 감정들이 그러한 관계를 만들어내는 것을 발견하지 못할 수도 있지만, 우리 자신의 무가치함과 하나님의 모든 것 안에 들어가게 해 주는 문을 발견할 것입니다.

자신의 내적 존재를 통합하는 일을 시작했지만, 거기서 전혀 즐거움을 발견하지 못하기 때문에, 즉각적으로 거기서 돌이키는 사람들이 있습니다. 하나님에 대한 깨달음이 없고, 힘도 없고, 자신의 생각으로 인해 즐겁다는 의식도 없으며, 하나님께 드리는 말이나 문장을 형성하는 방법에 대한 감동도 없습니다. 실제로 이런 방식으로 하나님께 접근하는 것은 감각적인 즐거움을 추구하는 것에 불과합니다. 하나님이 보시기에 이것은 이기적인 사랑이요 자아를 추구하는 것에 불과합니다. 그것은 결코 하나님을 찾는 것이 아닙니다.

우리는 약간의 고통과 건조함을 경험해야 할 필요가 있습니다. 자신이 얼마나 많은 시간을 잃었는지, 또는 어떤 손해를 입었는지 생각하지 말고, 건조함과 빈곤함에 관심을 기울이지 말고, 하나님께 나아와 경배해야 합니다. 우리는 장차 영원한 상을 발견할 것입니다.

기도할 때에 우리의 겉사람이 즐거움을 느낀다면, 주님 안에 있는 즐거움은 그만큼 줄어듭니다. 그러나 우리가 영적인 것들이 주는 표면적인 즐거움에 관심을 두지 않을 때에, 그곳에 주님이 기뻐하시는 것이 있습니다.

13 평온

산만한 생각들과 시험을 물리치기 위해서 평온(평정)을 사용해야 합니다.

기도할 때에는 자신을 완전히 포기하고 믿음으로 존재 전체를 하나님의 손에 맡기십시오. 자신이 하나님의 임재 안에 서 있다고 믿으십시오. 그리고 평온하게 고요히 머무십시오.

(두서없는 생각 때문에 초조해 하십니까? 그것은 완전히 하나님의 손에 맡기고 모든 것을 하나님에게서 받는 삶의 증거입니까?)

예를 들어 보겠습니다. 만일 당신이 귀중한 보석을 친구에게 주었다면, 그 후에는 다시 "내가 이 보석을 너에게 준다"라고 말할 필요가 없고, 그것을 보관하는 일은 친구에게 맡겨야 합니다. 그것을 친구에게서 돌려받지 마십시오. 친구에게서 그 보석을 돌려받지 않는다면, 분명히 보석을 친구에게 준 것입니다.

당신 자신을 하나님께 맡기고 헌신했다는 것을 하나님께 계속 상기시키려 하지 마십시오. 당신은 이미 하나님께 보석을 드렸습니다. 그것을 되찾지 마십시오.

그것을 돌려받으려면 어떻게 해야 합니까?

하나님의 거룩하신 뜻을 거스르는 큰 잘못을 범해야 합니다.

단순히 주님 앞에 갈 준비를 갖추는 것은 대단한 준비입니다. 그것은 당신 자신이 행하고 있는 것을 향한 생생한 의식을 깨우쳐 줍니다.

하나님 안에서 당신의 반응은 평안 안에 거한다는 단순한 사실을 항상 염두에 두십시오.

당신은 사랑은 배우고 있습니다. 그러므로 격한 행동, 표면적인 의무, 봉사 등의 확대로부터 물러서는 법을 배워야 합니다…이것들은 주로 표면적인 감각들에 의해서 이루어집니다. 즐거움, 다정함, 달콤한 감정 등을 얻기 위해서 이러한 행등을 내려놓으라는 말이 아닙니다. 이것들은 표면적인 활동이 아닐 수도 있으며, 조금이나마 영적인 부분이 포함되어 있을 수도 있습니다. 그럼에도 불구하고 그것들은 대체적으로 본성적인 것들이 혼합된 것들입니다. 영혼은 어떤 종류이든 방해를 받지 않고 주님을 사랑해야 합니다. 심지어 영적 축복으로 인해서 방해를 받아서도 안 됩니다.

많은 일을 행하려 하지 말며, 많은 것을 생각하지도 말고, 믿음에 빠지십시오. 샨달 부인이 주님의 종에게 쓴 편지를 여기에 인용해 봅니다:

> 나는 자신이 하나님께 헌신되고 하나님 안에 몰두하고 그 안에서 쉬고 있다고 느꼈습니다. 은혜로 말미암아 나는 하나님에 대한 이 단순한 견해를 가지고 있었습니다. 그러나 그 때 나는 이 상태를 누릴 자격이 없다고 생각하여 두려움에 굴복했습니다. 선한 생동을 하고 하나님을 섬기려는 갈망이 나에게 임했습니다. 그러나 내가 내면의 충동을 따라야 한다면, 다른 것은 모두 내려놓아야 했습니다. 나는

추론과 헌신과 봉사의 행동에 의해서 나의 존재를 튼튼하게 하려고 생각했는데, 그렇게 하기 위해서는 많이 노력해야 했습니다. 그러나 하나님은 신적인 활동에 의해서 이 모든 일을 행하실 수 있었을 것입니다. 나의 내면에 고요하고 평온한 태도를 유지하면, 다른 모든 것이 성공합니다. 결코 나 자신을 바라보지 말고 눈을 감고 사랑하는 분에게 기대어 걸어야 합니다. 내가 가는 길을 보려 하지도 말고, 하나님께서 인도하시는 길을 알려고 노력하지도 말아야 합니다. 내 생각을 무엇에 집중하지도 말고 하나님의 은총을 구하지도 말고, 다만 하나님 안에 눈에 뜨이지 않게 조용히 머물러야 합니다.

14 확실한 헌신

많은 사람들이 나에게 이렇게 말했습니다: "나는 모든 것을 완전히 체념하고 주님께 왔습니다. 믿음의 행동에 의해서 나 자신을 그분의 임재에 완전히 바쳤습니다. 그러나 나의 상태는 조금도 진보하지 못했습니다. 그것은 내 생각이 너무 산만하여 하나님께 집중할 수 없기 때문입니다."

당황하거나 낙심하지 마십시오. 당신은 시간을 잃은 것도 아니고, 가치를 잃은 것도 아닙니다. 영적 탐구를 중지하지 마십시오. 꾸준히 기도를 계속하십시오. 주께서 당신의 내면에서 기도하시며, 영과 진리로 기도하신다는 것을 기억하십시오. 정신의 산만함이 기도의 열매를 강탈해가지는 않습니다.

그러나 사람들은 나에게 이렇게 묻습니다: "적어도 내가 하나님의 임재 안에 있다는 것을 기억해야 하지 않습니까? 나는 '주님, 당신은 내 안에 거하시며 나는 당신께 나 자신을 완전히 바칩니다'라고 말해야 하지 않습니까? 그렇게 기도해야 합니다."

그렇지 않습니다. 그럴 필요가 없습니다. 당신은 기도를 원하며, 그 목적 때문에 하나님 앞에 갔습니다. 기도하려는 뜻과 믿음만으로 충분합니다. 이것들을 항상 있을 것입니다. 당신의 기억이 말이나 생각이 없이 단순해질수록, 그만큼 당신 안에 거하시는 주님과의 비틀리지 않는 관계를 위한 좋은 기초를 놓습니다.

또 어떤 사람들은 이렇게 묻습니다: "'주님, 당신의 위엄이 이곳에 있다고 믿습니다'라고 말하는 것이 옳지 않을까요?" 이것도 위의 질문과 마찬가지 질문입니다. 당신의 내면에 있는 영은 믿음의 눈으로 하나님을 보고 믿고 하나님의 임재 안에 섭니다. 당신의 존재의 내적인 부분이 '나의 하나님, 당신은 이곳에 계십니다'라고 말할 필요가 없습니다." 믿으십시오.

당신의 영은 항상 믿습니다.

당신의 영은 하나님이 그곳에 계시다는 것을 압니다.

그렇다면, 믿음과 앎이 항상 현존하는 그곳으로 가십시오.

그러면, 그곳에 가려면 어떻게 해야 합니까? 오직 믿음으로 갑니다.

주님 앞에 있어야 할 때가 오면, 당신의 친구인 믿음과 의도(뜻)가 당신을 하나님께 인도해줄 것입니다. 당신은 믿음의 행동에 의해서, 그리고 완전히 체념하고 하나님의 임재 안에서 기다림으로써 그곳에 도착합니다.

만일 당신이 믿음과 의도를 포기하지 않는다면, 당신은 하나님께 모든 것을 맡기고 믿음으로 걸어갈 것이며, 그럼으로써 기도 안에서 걸어갈 것입니다.

산은 "내가 산이다"라고 말하지 않습니다. 또 여자가 걸어가면서 "나는 결혼했습니다. 나는 부인입니다"라고 말하지 않습니다. 당신은 "나는 기독교인입니다"라고 말하고 돌아다닙니까? 그 사실에 대해 전혀 생각하지 않아도, 당신은 기독교인입니다. 여인은 결혼한 부인이고, 산은 여전히 산입니다.

기독교인은 입으로 믿기보다 마음으로 믿어야 합니다. 결혼한 부인은 자신의 삶에 의해서 남편에 대한 충성심을 증명해야 합니다. 기독교인은 주님이 자신의 내면에 거하신다는 것을 믿고 이제부터 주님을 찾으며 하나님을 통하지 않고서는 어떤 일도 하지 않기로 결심한 후에 자기의 영 안에 있는 믿음에 만족하고 쉬어야 합니다.

15 일과 소명

우리가 매일 행하는 일들은 주님의 뜻과 반대되는 것이 아닙니다. 우리가 날마다 행하는 일들은 주님의 뜻에 우리 자신을 맡기는 것과 반대되는 것이 아닙니다. 주님의 뜻에 맡기는 것에는 일상생활의 모든 활동이 포함됩니다. 학문, 독서, 설교, 생계를 위해 돈을 버는 것, 사업 등…우리는 살아가면서 매일, 매 시간, 매 분 발생하는 것에게 맡겨집니다. 우리의 삶에서 발생하는 모든 것은 본질적으로 하나님의 뜻입니다. 우리는 자신의 뜻을 하나님께 맡기는 일을 버린 것이 아니며, 하나님의 임재에서 떠난 것도 아닙니다.

만일 당신이 하나님에게서 멀어졌다면, 만일 기도에서 멀어졌다면, 하나님께 돌아오십시오. 하나님의 임재에게로 돌아오십시오. 믿음의 행동을 새롭게 하고, 하나님의 뜻에 대한 순종을 새롭게 하십시오.

영적인 건조함은 어떻게 해야 합니까? 영적인 건조함은 선하고 거룩한 것입니다. 그것이 당신을 하나님의 임재로부터 떼어낼 수 없습니다. 건조함을 분심(分心)이라고 부르지 마십시오.

큰 도시를 향해 여행하는 사람의 한 걸음 한 걸음은 자발적인 것입니다. 그는 "나는 저 큰 도시로 가기를 원한다"라고 말할 필요가 없습니다. 여행의 첫 걸음은 그의 의도를 나타내 줍니다. 그는 자신이 여행을 원한다고 말하지 않지만, 여행하려는 의도가 없으면 여행할 수 없습니다.

기독교인들은 모두 믿음을 가지고 있으며, 객관적이고 표면적인 기도를 실천하는 사람들도 이 예증에 적합합니다. 그러나 내면의 길로 여행하는 사람들의 믿음은 매우 다릅니다. 그들의 믿음은 살아 있는 믿음입니다. 그것은 효과적인 믿음이며, 성령께서 내면에서 영을 비추어주는 한도까지 조명되는 믿음입니다. 정신을 하나님께 집중할 때에 우리의 영은 튼튼해집니다.

정신을 집중하는 데 비례하여 내적 조명도 증가합니다.

16 두 종류의 영적인 사람

영적인 사람들에는 두 종류가 있습니다. 이 두 종류의 사람들은 서로 반대가 됩니다.

어떤 사람들은 그리스도의 신비와 고난을 항상 묵상해야 한다고 말합니다. 반대로 어떤 사람들은 침묵 속에 고요히 드리는 내적인 기도, 하나님의 신성에 집중하는 것만이 참된 기도라고 말합니다.

우리 주님을 보십시오. 주님은 "나는 길이요 진리요 생명이다"라고 말씀하셨습니다. 누구든지 하나님의 임재 안에 들어오려면 구속자의 귀중한 피로 씻음을 받아야 합니다…이런 까닭에 우리는 주님의 구속을 버리지 말아야 합니다. 그러나 그의 영 안에서 사는 것에 대해서 무엇인가를 배운 신자에게 항상 주님의 고난과 죽음을 추론하고 묵상하고 깊이 생각해야 한다고 말해서도 안 됩니다.

표면적인 기도가 유익을 주는 한, 신자는 표면적인 기도를 따라야 합니다. 마음속에서 그 이상의 것에 대한 갈망이 감지될 때에만 내적인 길로의 순례를 고려해야 합니다. 우리를 표면적인 기도에서 내적인 기도로 인도하시는 일은 오직 그리스도에게 달려 있습니다. 사도 바울은 골로새 교인들에게 쓴 편지에서 무슨 말이나 행동을 하든지 예수 그리스도의 이름으로 하라고 권면했습니다. 나와 당신이 하나님 안에서, 하나님만을 통해서 하나님을 기쁘시게 하는 상태에 이르게 해 주시기를 기도합니다.

세 가지 침묵

침묵에는 세 가지가 있습니다. 즉 말의 침묵, 욕망의 침묵, 그리고 생각의 침묵이 있습니다.

말의 침묵은 완전합니다. 욕망의 침묵은 한층 더 완전합니다. 그리고 생각의 침묵이 가장 완전합니다.

말의 침묵 안에서 획득되는 덕이 있습니다. 욕망의 침묵 안에서는 고요가 획득됩니다. 그리고 생각의 침묵의 목표는 우리의 감각 전체를 내적으로 가라앉히는 것입니다. 생각의 침묵을 획득하는 것은 곧 우리의 존재의 중심, 그리스도께서 거하시는 곳에 도착하여 그곳에 거하는 것입니다.

우리는 말하지 않고 바라지 않고 추론하지 않음으로써 내적 여정의 중심지—하나님께서 우리의 속사람에게 말씀하시는 곳에 도착합니다. 그곳에서 하나님은 우리의 영에게 하나님 자신을 전해 주십니다. 그곳, 즉 우리의 존재의 깊은 곳에서 우리에게 하나님 자신을 가르쳐 주십니다. 하나님은 자신의 은밀하고 감추인 마음을 말해 주실 수 있는 곳으로 우리를 인도하십니다. 우리가 내면에서 하나님의 음성을 들으려면 침묵을 통해서 이곳에 들어가야 합니다.

세상을 버리는 것으로는 이것을 성취하지 못할 것입니다. 욕망을 부인하는 것으로도 이것을 성취하지 못합니다. 피조된 모든 것을 부인해도 이것을 성취하지 못합니다.

그러면 어떻게 해야 합니까?

이 세 가지 침묵 안에서만 안식이 발견됩니다…열린 문 앞에서만 하나님은 자신을 우리에게 전해 주실 수 있습니다. 그곳에서 하나님은 우리를 하나님처럼 변화시키십니다.

우리 영혼의 변화는 하나님께 말하는 데 있는 것이 아니고, 하나님에 대해 생각하는 데 있는 것도 아닙니다. 그것은 하나님을 크게 사랑하는 데 있습니다. 이 사랑을 얻으려면 어떻게 해야 할까요? 하나님께 대한 완전한 체념에 의해서, 그리고 이 세 가지 침묵에 의해서 그 사랑을 얻을 수 있습니다. 하나님 사랑에는 말이 필요 없습니다.

> 자녀들아, 우리가 말과 혀로만 사랑하지 말고 오직
> 행함과 진실함으로 하자.

완전한 사랑은 사랑하는 행동이나 부드러운 말로 이루어지는 것이 아닙니다. 또 주님을 크게 사랑한다고 말하는 내적인 행동으로 이루어지는 것도 아닙니다. 이러한 행위들 속에서는 하나님을 아는 일에 몰두하기보다는 오히려 우리 자신을 찾으려 하며 우리의 이기적인 본성을 높일 수도 있습니다.

사랑은 그럴듯한 담화 속에서 발견되는 것이 아닙니다.

많이 생각하고 합리적으로 설명하는 데 몰두한 사람이 있다고 가정해 보십시오. 그 사람이 당신에 대해서 무엇인가 알기를 원한다면, 당신은 말로 당신 자신을 표현해야 할 것입니다. 그러나 하나님은 그렇지 않습니다. 하나님은 우리 마음을 살피시는 분이십니다. 또 하나님은 우리가 사랑을 하나님께 확인하는 말이나 우리 자신에 대해 설명하는 말을 들으실 필요가 없습니다.

또 하나님은 우리가 말로 바치는 사랑에 만족하지 않습니다.

예를 들면, 우리는 하나님을 완전하게 사랑한다고 열정적으로 말하면서도, 조그마한 상처를 입으면 하나님을 향한 사랑 때문에 체념하고 십자가를 지기는커녕 모진 말을 합니다. 그러한 행동은 우리의 사랑이 행위가 아니라 말에 불과하다는 것을 보여 주는 증거입니다.

그러므로 주위의 모든 것에 대해 자신을 포기하십시오. 세 가지 침묵으로 그 일을 행하십시오. 그렇게 행할 때에, 당신은 진실로 자신이 하나님을 사랑한다고 하나님께 말하게 될 것입니다. 말이 아니라 완전한 사랑으로 말하게 될 것입니다. 그것은 고요하면서도 효과적인 사랑입니다.

베드로는 주님께 자신이 주님을 위해 목숨을 버릴 준비가 되었다고 말했지만, 한 여종의 말을 들을 때에 그의 열심은 사라졌습니다. 반면에 막달라 마리아는 한 마디 말도 하지 않았지만, 주님은 그녀를 바라보시면서 그녀가 주님을 크게 사랑한다고 말씀하셨습니다. 그러므로 믿음과 소망과 사랑이라는 완전한 덕목들은 내적으로 실천됩니다.

우리가 하나님을 사랑하며 그분에게 소망을 두고 그분을 믿는다고 말할 필요가 없습니다. 그렇게 말하는 것은 아무 소용이 없습니다. 주님은 우리 마음속에서 진행되고 있는 것을 우리 자신보다 더 잘 알고 계십니다.

주님, 당신은 내면 깊은 곳으로 들어가는 법, 그리고 겉사람과 속사람을 구분하는 방법을 잘 아십니다.

18 순종

우리가 자기의 뜻에 따라 자신을 다스린다면, 우리는 결코 내적 평화를 획득하지 못할 것입니다. 영혼의 이기적인 본성은 반드시 정복되어야 합니다. 우리의 성향, 판단, 반역하려는 성향을 복종시켜 재로 만들어야 합니다. 어떻게 해야 그렇게 할 수 있습니까? 순종의 불 속에서 가능합니다. 왜냐하면 그곳에서 우리가 하나님의 사랑을 따르는지 이기적인 사랑을 따르는지를 발견할 수 있기 때문입니다. 우리 자신의 가치관과 판단과 의지가 완전히 소멸되어야 합니다.

어느 하나님의 종은 이렇게 말했습니다:

> 우리 자신의 뜻에 의해서 삼층천에 들려올라가기
> 보다는 순종함으로써 거름을 모으는 편이 나을 것
> 이다.

 사람들은 윗사람에게 경의를 표하고 순종해야 한다는 생각을 가지고 있습니다. 그러나 우리가 내면의 길을 따르려 한다면, 우리보다 열등한 사람들에게도 경의를 표하고 순종해야 합니다.

 참된 순종이란 무엇입니까? 순종이 완전하려면, 자발적인 것이어야 합니다. 그것은 순수하고 즐거운 것이어야 합니다. 그러나 무엇보다도 그것은 내적인 것이어야 합니다. 한 가지 덧붙이자면, 그것은 맹목적이고 끈기 있는 것이어야 합니다.

 자발적으로 두려움 없이 순종하십시오. 혹시라도 두려움이 있다면 순종하지 마십시오. 순수한 순종에는 개인적인 이해관계나 자신의 유익에 대한 고려가 없어야 합니다. 순수한 순종은 우리 하나님의 유익을 위한 것입니다. 언제든지 핑계를 대지 말고 지체하지 말고 순종해야 합니다. 그것은 내적인 분개함이 없는 기분 좋은 것이어야 하며, 외적인 것이 아니라 내적인 것이어야 합니다.

순종은 마음에서부터 나와야 하며, 비판적인 본성과 개인적인 판단을 버려야 하기 때문에 맹목적이어야 합니다.

혹시 잘못을 범했을 때에 지나치게 걱정하지 말고 괴로워하지 마십시오. 잘못은 타락 및 우리의 연약한 본성의 결과에 불과합니다. 놀라지 마십시오. 당신이 자신의 불행을 보았다는 것을 알고서 겸손하십시오. 당신이 자신의 욕망과 성향을 따름으로써 빠질 뻔한 끝없는 죄에서 당신을 보호해 주신 하나님께 감사하십시오.

이 미끄러운 땅(즉 우리 자신의 본성)에서 찔레와 엉성퀴와 가시 외에 무엇을 기대할 수 있습니까? 매 순간 우리가 무수히 많은 잘못을 범하지 않고 지낼 수 있는 것은 하나님의 은혜의 기적입니다. 우리가 잘못을 범할 때에, 원수는 우리가 하나님의 길에 확실히 기초를 두지 않고 있으며 잘못 믿고 있으며 참으로 회개한 것이 아니며 하나님 없이 존재하고 있다고 믿게 만들려 할 것입니다.

만일 우리가 그러한 잘못을 거듭 범한다면, 원수는 우리에 대한 고발을 한층 강화할 것입니다. 그는 우리의 하나님

추구가 헛되고 무익한 것이며, 우리가 하나님 앞에서 보낸 시간이 무익하다고 말할 것입니다. 눈을 크게 뜨십시오. 그리고 원수의 그럴 듯한 속임수에 넘어가지 마십시오. 원수는 거짓말과 그럴 듯한 제안과 낙심을 통해서 우리를 멸망시키려 합니다. 그러한 생각과 추론을 억제하고 단념하십시오. 원수의 악한 고발이 들어오지 못하게 문을 닫으십시오. 우리 자신의 본성적인 상태의 비참함을 인정하고 하나님의 자비를 신뢰해야 합니다. 우리가 내일 또 다시 넘어진다고 해도, 우리 하나님의 선하심을 또 다시 의지하십시오. 하나님은 우리의 잘못들을 기꺼이 잊으시며, 우리를 자녀로서 품에 받아 주려 하십니다.

만일 우리가 높고 내면적인 방법으로 주님을 따르려 한다면, 하나님의 선하심에 대한 신뢰라는 무기를 사용해야 합니다. 밤낮으로 그 무기를 사용해야 하며, 넘어질 때마다 사용해야 합니다. 우리는 모든 결점과 불완전한 것들 속에서 사랑으로 겸손하게 하나님의 자비와 대화해야 합니다.

하나님이 우리의 구원을 위해서 행하시는 일은 어떤 때는 40년이 걸리고 어떤 때는 순간적으로 이루어지기도 합니다. 이것은 탁월한 신비입니다. 하나님은 자신이 무엇을 행할 것인지 우리에게 알리지 않습니다. 그러므로 이 신비는 우리에게 겸손하게 살 것을 요구합니다. 40년이 걸리든지 순식간에 이루어지든지, 우리를 죄에서 해방시켜 주는 것은 하나님의 능력 있는 손의 솜씨입니다.

완전하게 된다는 것은 다소 위험한 일입니다. 약함이 없는 것 안에 악이 있고, 덕 안에 악이 있습니다.

> 우리는 약으로 상처로 만들기 때문에, 하나님은 덕에 의해 상처를 입은 우리가 악에 의해 치유되게 하기 위해서 우리의 상처를 약으로 만드신다.

주님은 우리의 작은 실패들을 사용하심으로써 우리를 큰 잘못들로부터 해방시켜 주시는 것이 자신의 위엄이라는 것을 알게 하십니다. 이것은 하나님께서 우리를 겸손하고 깨어 있게 하시는 방법입니다.

우리가 일천 번 넘어져도 하나님의 자비에 대한 사랑의 신뢰라는 치료법을 사용하기만 하면 됩니다. 이것은 우리가 비겁함과 헛된 추론을 대적하여 싸워 정복할 때에 사용하는 무기입니다.

내면적인 영성과 표면적인 영성

 두 종류의 영적인 사람들이 있습니다. 내면적으로 영적인 사람들과 표면적으로 영적인 사람들입니다. 표면적으로 영적인 사람들은 추론에 의해서, 자신이 상상하는 것들에 의해서, 오랫동안 많이 생각하고 고찰함으로써 하나님을 찾습니다.

 이러한 사람들은 덕을 얻기 위해서 고통을 받습니다. 그들은 하나님에 대해서 이야기하는 것을 좋아합니다. 그들은 뜨겁게 사랑하는 것, 솜씨 좋게 기도하는 것을 좋아합니다. 그들은 행동에 의해서 위대함을 추구합니다. 그들은 이러한 일들을 행할 때에만 하나님께서 그들 가까이에 거하신다고 믿습니다.

그것은 초보자의 길입니다! 경험에 의하면, 많은 신자들이 여러 해 동안 이처럼 표면적인 것들을 실천하지만, 그들의 내면에는 하나님이 계시지 않습니다. 그들은 이름만 영적인 사람일 뿐 참된 영성인의 특징을 하나도 소유하지 못한 채 자기 자신으로 가득합니다.

그와는 다른 종류의 영적인 사람이 있습니다. 그는 초보의 길을 초월하여 내면의 길을 향해 걸어가는 사람입니다. 그러한 사람은 영의 내면으로 은둔하여 들어가며, 그곳에서 자신에 대한 모든 것을 하나님의 손에 맡깁니다. 그는 모든 것을 잊고 자신에게서 모든 것을 빼앗은 사람입니다. 모든 것 뿐만 아니라 자신까지도 빼앗은 사람입니다.

그러한 사람은 고개를 들고, 영혼을 들어올려 주님 앞에 나아옵니다. 믿음에 의해서 나아옵니다. 그는 하나님이 무엇과 닮았는지 상상하지 않으며, 하나님의 모습을 그려 보지도 않습니다. 그는 내적인 안식과 고요 속에서 발견된 확신을 가지고 하나님께 옵니다. 그는 하나님 안에 있는 자신의 존재 전체에 의식을 집중하고서 하나님께 옵니다.

그러한 사람은 분명히 많은 시련을 겪은 사람들입니다. 그 시련은 모두 하나님께서 정하셨기 때문에 그들에게 임한 것입니다.

그들은 모든 일에 있어서 자신을 부인합니다.

그들은 여전히 유혹의 지배를 받지만, 유혹과 시련을 통해서 무한한 유익을 얻습니다. 그들의 내면에서 싸우시는 분은 하나님이십니다.

그들로 하여금 지나치게 기뻐하게 만드는 소식도 없고 슬퍼하게 하는 소식도 없습니다.

시련이 그들로 하여금 용기를 잃게 하지 못합니다. 그들은 마음으로 주님과 교제하면서 주님 앞에서 거룩한 두려움을 느낍니다.

표면적으로 주님을 찾는 사람들은 항상 무엇인가를 행해야 합니다…표면적인 고행, 어떤 결점들을 없애기 위한 노력, 욕망과의 싸움, 또는 영적 지식이나 성경적 정보의 획득 등. 그러나 우리가 하나님을 알기 위해서 행하는 표면적은 노력은 아무런 결실도 맺지 못할 것입니다. 우리 자신의 힘으로는 비참한 것 외에는 아무 것도 할 수 없습니다.

그렇다면, 내면적인 방법은 어떻습니까? 내면적인 방법은 하나님의 임재 안에서 사랑스러운 방법으로 존재 전체를 집중하는 것입니다. 그곳에서 주님이 일하십니다! 주님에 의해서 덕이 세워집니다. 주님에 의해서 욕망들이 근절됩니다. 주님에 의해서 불완전한 것들이 파괴됩니다.

자기 영혼의 방으로 들어간 사람은 애써 노력하지 않고서 영혼 안에서 삽니다. 그는 자유롭습니다. 그는 표면적인 방법으로는 결코 해방될 수 없었던 많은 것들로부터 해방됩니다.

주님을 따르는 사람은 조명해 주는 빛에 의해서 자신의 불행과 연약함과 불완전함을 깨닫습니다. 그는 자신의 존재를 증오하지만, 그럼에도 불구하고 사랑의 두려움 안에서 주님 앞에 섭니다. 그는 자아를 멸시하고 불신하며, 하나님께 희망을 둡니다

우리가 자신의 존재를 멸시하면서 겸손히 주님 앞에 나아갈수록, 하나님은 그만큼 더 기뻐하십니다. 영적인 사람은 하나님께 대한 놀라움과 경배하는 마음을 가지고 하나

님 앞에 와서 섭니다.

그는 주님 앞에 나올 때에 자신이 행한 선행이나 앞으로 겪을 고난을 생각하거나 언급하지 않습니다. 그는 내면 깊은 곳으로 들어가기 위해서 끊임없이 노력합니다. 영적인 사람은 주님 앞에서, 주님이 거하시는 곳의 중심에서, 하나님에 대해서 말하거나 하나님께 말하는 것보다는 내면으로 들어가는 것이 한층 더 중요하다는 것을 압니다. 그는 영의 내면의 은밀한 중심으로 들어가며, 그곳에서 두려움과 사랑 가득한 경배 심을 가지고 주님을 알며 주님의 거룩한 영향을 받습니다.

그러나 이렇게 행복한 상태에 이르는 신자들은 극히 드물다는 것을 알아야 합니다. 그 이유는 무엇입니까? 우리 중에 멸시를 기꺼이 받아들이려는 사람, 내면을 변화시키는 정화(淨化)를 경험하며 하나님을 찾는다는 사실을 자랑하지 않고 하나님 앞에서 겸손을 유지하는 사람, 자신의 겸손함을 자랑하지 않는 사람, 자신이 얻은 것을 자랑하지 않는 사람이 매우 드물기 때문입니다.

아마 대부분의 신자들은 진심으로 하나님을 찾으려 하

며 하나님과 동행하기를 원할 것입니다. 그러나 대부분은 출발점에서 단념합니다. 그 이유는 무엇일까요? 기꺼이 죽으려는 사람이 극히 드물기 때문이며, 그 지고한 선물은 죽으려는 성향 안에서 발견되기 때문입니다.

잘못 된 생각을 중지하는 방법은 이렇습니다: 표면적인 방법과 내면적인 방법의 차이점을 인식하십시오. 그 둘의 차이점은 하나님의 임재에 있습니다. 믿음으로 실천하는 하나님의 임재 안에 들어가려면, 우리 자신의 중심을 집중한 후에 주님 앞에서 기다려야 합니다. 이렇게 함으로써 우리는 겉사람과 속사람의 차이점을 배웁니다.

만일 지금 여기서 묘사하고 있는 삶에 선이 가득하고 악을 견딜 수 있는 능력이 가득하다고 생각한다면, 그것은 잘못된 생각입니다.

내면적으로 하나님과 동행하는 데서 얻어질 것에 대한 욕망이 있어서는 안 됩니다.

우리는 하나님을 위해서 우리의 삶이 끝나기를 갈망해야 합니다. 우리 주님의 길은 달콤하고 부드러운 길이 아니었습니다. 주님은 결코 우리를 그러한 길로 초대하지 않으셨습니다.

> 아무든지 나를 따라오려거든 자기를 부인하고
> 자기 십자가를 지고 나를 따를 것이니라.

그리스도와 연합하기를 원하는 사람은 고난의 길로 주님을 따라가야 합니다.

만일 당신이 하나님의 사랑의 달콤함을 맛보기 시작했다면, 그것은 원수가 당신의 마음속에 사막으로 가서 홀로 고독하게 하나님 앞에서 살려는 갈망의 불을 붙이기 전, 잠시 동안의 일에 불과할 것입니다. 원수는 당신이 아무런 방해도 받지 않고 하나님 앞에서 살 수 있을 것이며 그 결과로서 계속 기도의 즐거움을 누릴 것이라고 말하면서 당신을 설득하려 할 것입니다. 이것은 주님의 길에 대한 매우 미숙한 이해를 반영해 줍니다. 또 그것은 당신이 주님의 임재 안에서 사는 데 따른 결과인 즐거움 때문에 주님을 소유하기를 원한다는 것을 보여 줍니다.

주님으로부터 엄청난 계시, 위대한 환상, 그리고 고귀한 정신적 진리에 대한 큰 이해를 받은 신자들이 많습니다. 그럼에도 불구하고 그들은 큰 시련과 유혹을 통과한 사람들에게 임하는 감추인 비밀들을 깊이 이해하지 못합니다.

우리의 영혼이 정복되는 것은 참으로 큰 행운이 아닐 수 없습니다!

멸시를 받는 것은 큰 영광입니다. 쓰러뜨림을 당하는 것은 끌어올려지는 것입니다. 고통을 당하는 것은 큰 위로입니다. 무식한 것처럼 보이는 것이 대단한 지식입니다. 그리스도와 함께 십자가에 달리는 것은 행복 중에서도 큰 행복입니다. 그것이 사도 바울이 자랑한 운명입니다:

> 내게는 우리 주 예수 그리스도의 십자가 외에 결코
> 자랑할 것이 없으니.

부귀, 권위, 즐거움, 어느 집단에서 성공한 신자들에게 부여하는 영광 등을 자랑하는 신자들이 있을 것이다. 그러나 우리에게는 멸시받고 그리스도와 함께 십자가에 달리는 것보다 더 큰 영광은 없습니다.

신자들 중에 영적인 쾌락을 멸시하는 사람이 극히 적은 것은 매우 슬픈 일입니다. 그런 사람이 매우 드뭅니다.

그리스도를 위해서 사람들로부터 거부당하며 사랑으로 그리스도의 십자가를 받아들이려는 사람은 많지 않습니다.

많은 사람들이 내면의 길을 출발합니다. 그러나 그 길의 종착점에 이르는 사람은 적습니다. 그것은 십자가를 받아들이는 사람, 즉 인내하면서 꾸준히 십자가를 지려는 사람이 거의 없기 때문입니다.

항상 자기 본성의 뜻과 반대되는 것들을 따를 수 있는 신자는 극히 드뭅니다.

게다가, 이것을 가르치는 사람은 많지만 실천하는 사람은 거의 없습니다.

많은 신자들이 이 길을 걷기 시작합니다. 그들은 열심을 내는 것이 달콤하고 기쁨이 느껴지는 동안에는 꾸준히 그 길을 갑니다. 그러나 하나님의 임재의 기쁨이 사라지는 순간, 그들은 시련과 건조함과 유혹에 압도됩니다. 어떤 사람은 되돌아갑니다.

시련과 건조함과 유혹이 하나님의 완전한 뜻의 산에 이르는 높은 길을 통과하는 데 필요하다는 것을 당신은 알지 못합니까?

 신자들이 비틀거리며 돌아가는 것은 그들이 하나님을 위해서가 아니라 그들 자신을 위해서 하나님의 높고 깊은 것들을 추구했다는 분명한 증거입니다.

 만일 당신에게 내면의 여정에 관한 빛이 주어졌다면, 건조함이나 유혹이나 시련을 당해도 결코 돌아서지 말고 꾸준히 그 길을 걸어가십시오.

 자아에 대한 사랑이 끌리지 마십시오.

 우리가 평화롭게 산의 정상에 도착하려면, 자아에 대한 사랑이라는 괴물을 물리쳐야 합니다.

 특히 당신이 가족들의 기쁨이나 불쾌함 등의 감정에 지나치게 집착할 때에, 이 괴물이 당신과 가까운 사람들과의 모든 관계 안에 존재하고 있다는 것을 기억하십시오.

 때때로 자기애라는 장애물은 우리를 지배하는 종교 지도자를 기쁘게 하려는 태도, 때로는 헛된 영광 등에서 발견됩니다. 또 영적인 즐거움에 대한 집착, 하나님의 선물들을 발견하고 그것들에게 집착하는 것도 있습니다. 이 모든 것의 배후에는 후한 대접과 개인적인 위로를 바라는 마음이 숨겨져 있습니다. 그것들은 모두 자기애를 연상하게 만듭니다. 그것들은 모두 격추되어야 합니다. 다시 말해서, 우리가 평화가 다스리는 곳에 이르려면, 그것들을 완전히 제거해야 합니다.

20 영혼의 씻음

 영혼이 씻음을 받는 데에는 두 가지 방법이 있습니다. 첫째는 고난, 고통, 불행, 내적인 고뇌를 통한 것입니다. 둘째는 뜨거운 사랑, 간절하고 갈급한 사랑의 불을 통한 것입니다.

 주님은 종종 이 두 가지 방법으로 우리 영혼을 다루십니다. 하나님에 대한 모든 계시와 통찰, 하나님에 대한 모든 참된 경험적인 지식은 고난에서 솟아나며, 고난은 사랑의 참된 증거입니다.

 당신이 시련에서 생겨나는 큰 유익을 이해할 수 있기를 바랍니다. 시련은 영혼을 씻어 정결하게 해 줍니다. 시련을 통한 영혼의 씻음은 인내를 만들어냅니다.

 시련 속에서 기도가 뜨거워질 수 있습니다.

우리는 시련 속에서 가장 고귀한 사랑과 자선의 행동을 할 수 있습니다. 우리는 시련 속에서 기뻐함으로써 하나님께 가까이 갑니다. 시련은 우리에게서 더러운 것을 제거하여 깨끗하게 해줍니다. 시련은 세속적인 사람들을 하늘에 속한 사람으로 변화시킵니다. 시련은 인간적인 것에서 신적인 것을 만들어내며…인간적인 것을 변화시켜 신적인 것에게로 가져가 주님과 연합시킵니다.

만일 시련의 불 속에서 조용히 꾸준히 견디는 방법을 알려 한다면, 고통의 물로 씻음 받기를 원한다면, 하나님의 선하심이 얼마나 신속하게 당신의 영혼 안에 보좌를 만들 것인지 발견할 것입니다. 그곳에서, 그 선한 거처에서, 하나님은 원기를 회복하고 스스로를 위로하실 수 잇을 것입니다.

내면의 십자가와 표면적인 십자가를 알면 큰 유익이 있습니다. 시련이 임할 때에 참고 인내 하십시오…시련은 겉으로 보이는 것과는 다른 것입니다.

시련을 당할 때에 잘못 생각하지 마십시오…하나님이 우리를 버리셨을 때에 우리는 하나님과 가장 가까이 있는 것입니다. 태양이 구름 속에 감추어져 있다고 해서 태양의 위치가 바뀐 것이 아니며 그 밝음을 잃은 것도 아닙니다. 주님은 우리를 깨끗하게 하고 연단하기 위해서 우리를 정화하며, 자아를 제거하기 위해서 우리의 내면에서 주님의 임재를 거두어 가십니다. 주님이 이렇게 행하시는 것은 우리가 개인적인 유익에는 전혀 관심을 기울이지 않으며 오로지 하나님의 즐거움이 되는 데에만 관심을 가지고서 존재 전체를 하나님께 바칠 기회를 갖게 하기 위해서입니다.

우리는 탄식하고 신음하고 눈물을 흘리기도 하겠지만, 하나님은 우리의 내적 존재의 가장 은밀하고 감추어진 장소에서 즐거워하시고 기뻐하십니다.

21 거룩한 사랑

하나님의 사랑의 불이 있습니다.

그 사랑은 신자를 태우며, 심지어 신자로 하여금 고난을 당하게 할 수도 있습니다. 어떻게 그것이 가능합니까? 때때로 사랑하는 분의 부재는 신자에게 크게 영향을 미칩니다.

때때로 신자는 사랑하는 분이 부르시는 내면의 음성을 듣습니다. 그것은 부드러운 속삭임과 같은 것으로서, 신자의 내면 깊은 곳에서 나아옵니다…그곳은 연인이신 주님이 거하시는 곳입니다. 이 속삭임은 신자를 거의 죽을 정도로 몰고 갑니다. 신자는 주님이 아주 가까이 계시다는 것을 깨닫지만, 동시에 아직 영혼의 많은 부분이 주님의 소유가 되지 않았다는 것도 깨닫습니다.

이것은 신자를 자극하며, 그의 내면에 주님의 형상으로 변화되고픈 갈망을 만들어냅니다. 그러므로 하나님의 사랑은 죽음처럼 강하다고 말할 수 있습니다. 왜냐하면 그 사랑은 죽음처럼 분명히 죽이기 때문입니다.

만일 당신이 어디에서도 하나님을 발견하지 못한다면, 당신은 자신이 결코 완전하지 못하다는 것을 알 것입니다.

깨끗하고 완전한 사랑은 십자가와 자기 부인이라는 요소로 이루어진다는 것을 아십시오. 이 두 가지 요소는 지극히 자발적인 것들입니다. 당신의 삶에서 발생하는 모든 일을 체념하고서 겸손하게 받아들이며…그 후에 이 모든 것을 당신의 영과 관련지으며…그 다음에 당신의 본성의 견해를 추가하는 것, 이것들이 당신의 삶에 소유해야 하는 요소들입니다.

시험을 받을 때나 외로울 때에 항상 영의 내면의 방으로 들어가는 법을 배우십시오. 그곳에서 하나님만 바라보십시오. 영의 깊은 곳에 참된 행복이 있습니다. 그곳에서 주님은 놀라운 것들을 보여 주실 것입니다.

우리가 그 안에 잠겨 있을 때, 그리고 하나님의 무한하신

선의 바다에 빠져 그 안에 확고하게 거하는 것이 우리의 운명을 성취한 것입니다. 그곳에서 우리의 존재의 이유가 발견됩니다.

겸손하게 오직 하나님의 뜻을 이루기만을 추구하는 이 깊은 장소에 도착한 신자에게, 하나님의 사랑의 영은 부드럽고 생명을 주는 기능을 가진 모든 것을 가르쳐 주십니다.

내적으로나 외적으로 체념하고서 만족하게 십자가를 질 수 있는 사람은 아주 탁월한 은사를 받습니다.

완전히 체념한다는 것은 무엇을 의미합니까? 그것은 은사라고 불리는 것들이나 빛과 어두움이라고 불리는 것들을 모두 멸시하면서 오직 하나님과 함께 거하기로 결심하는 것을 의미합니다. 신자는 오로지 하나님 안에서 하나님을 위해 삽니다.

자신의 이기적인 본성에 대해서 죽는 것만 생각하는 사람은 행복한 사람입니다. 그 안에 원수를 정복하는 승리가 있습니다. 또한 자아에 대한 승리도 있습니다. 그 승리 안에서 더럽혀지지 않은 깨끗한 사랑, 그리고 우리 주님을 향한 완전한 평화를 발견할 것입니다. 주님을 발견하기 위해서 모든 것을 버리는 사람은 모든 것을 영원히 소유하기 시작합니다.

행하는 것과 고난 받고 죽는 것 사이에는 큰 차이가 있습니다. 행하는 것을 즐거운 일입니다. 그것은 그리스도 안에 있는 초보자의 일입니다. 고난을 받는 것은 구도하는 사람들의 일입니다. 죽는 것—자아에 대해 죽는 것—은 그리스도 안에서 완전하게 되어지는 사람들의 일입니다.

즐거움과 내적 평화는 성령의 열매입니다. 자기 영의 깊은 곳에서 이 두 가지 요소를 발견하지 못하는 사람은 이것들을 이해하지 못합니다. 또 인생에서 발생하는 모든 것을 하나님의 손에서 오는 것으로 여겨 받아들이지 않는 사람도 이것들을 이해하지 못합니다.

침묵하며, 대화를 내면적인 것으로 만드십시오. 항상 아무도 비판하지 말며, 그럼으로써 이기적인 본성을 부인하고 죽이십시오. 이웃을 의심하는 것은 마음의 깨끗함을 어지럽힙니다. 의심과 비판은 마음을 불안하게 만듭니다. 그것들은 신자를 영의 세계에서 끌어내며, 그의 평안을 빼앗아갑니다.

만일 당신이 자신에 대한 인간적인 견해 때문에 불안해한다면, 또는 사람들이 말하는 것을 숭배한다면, 당신은 결코 하나님의 뜻에 완전히 자신을 맡기지 않은 사람입니다.

내면의 길을 걸어가는 방법을 배우기 위해서 행할 수 있는 가장 건전한 일들 중 하나는 이성과 "건전한 논리"를 피조된 것으로 간주하는 것입니다. 우리가 행할 수 있는 가장 합리적인 행동은 우리의 추론의 많은 부분을 버리는 것입니다. 하나님을 믿으십시오. 하나님은 우리의 삶에서 불만스러운 일들이 발생하는 것을 허락하신다고 믿으십시오. 하나님은 세상에 사는 모든 사람의 삶에 불만스러운 일들이 발생하는 것을 허락하십니다. 우리를 겸손하게 만들기 위해서, 그리하여 우리의 본성 중 어떤 측면들을 제거하기 위해서, 하나님은 그렇게 행하십니다. 우리가 하나님의 뜻에 완전히 순종하는 삶을 살게 하기 위해서 하나님은 이러한 일들을 행하십니다. 우리 주님은 기적을 행하는 사람들―심지어 죽은 자를 살리는 일을 행하는 사람들에게 관심을 기울이는 것보다 더 많은 관심을 내적으로 하나님의 뜻에 복종하며 사는 사람들에게 기울이십니다.

자신의 이기적인 본성을 멸시하는 사람은 다른 사람 때문에 상처를 입지 않습니다. 그 무엇의 방해도 받지 마십시오. 그 무엇에 의해서도 모욕을 받지 마십시오. 모든 것은 결국 마지막에 이를 것입니다. 변하지 않는 분은 하나님뿐이십니다. 인내는 모든 것을 얻습니다. 하나님을 소유한 사람은 모든 것을 소유하며, 하나님을 이해하지 못한 사람은 아무 것도 소유하지 못합니다. 만일 당신이 어떤 사람을 조급하게 대하고 동료를 헐뜯는다면, 당신은 용서받을 수 없는 사람이라는 사실을 깨닫지 못한 것입니다.

증오가 사라질 때, 당신을 고결한 사람으로 증명해주는 것은 당신의 합리화하는 교활한 능력입니다. 그렇게 해서 획득한 덕은 보잘것없는 덕입니다.

그 이유는 무엇입니까? 당신은 교훈들을 제공합니다. 당신은 영적인 말을 합니다. 당신은 모든 것을 성경과 연결짓습니다. 그러나 당신은 자신의 결점들은 전혀 고치지 않은 채 이러한 일들을 행합니다.

그렇습니다. 당신은 자신에 대해서 말하고, 사람들 앞에서 자신의 결점을 드러내며, 그 밖에도 여러 가지 인상적인 일들을 행하려 합니다. 그러나 내면에서는 당신 자신의 결점을 보기보다는 스스로를 정당화합니다. 당신의 내면에 있는 괴물은 이러한 방법에 의해서 거듭 스스로를 높이 평가합니다.

또는 당신은 "문제는 내 안에 있는 결점 때문이 아니라 정의를 향한 나의 열심 때문입니다"라고 말할 수도 있습니다. 이것은 당신의 내면에 여전히 당신이 고결하고 용감하고 꾸준하다는 믿는 것, 그리고 하나님의 사랑을 위해서는 죽을 수도 있다고 믿는 것이 있다는 것을 보여줄 뿐입니다. 그러나 당신은 자신을 공격하는 말을 들으면 괴로워하고 불안해합니다.

그리고 당신은 내적으로만 답변을 합니다. 그것은 무엇입니까? 그런 것들은 모두 자기애의 엔진에 불과합니다. 이것들은 당신의 영혼이 자랑하는 비밀들입니다.

당신의 내면을 다스리는 자기애는 귀중한 평안을 획득하는 것을 방해하는 가장 큰 장애물입니다.

22 겸손

 겸손에는 두 종류가 있습니다. 거짓된 겸손과 참된 겸손이 있습니다.

 겸손하다는 평판을 얻기 위해서 존경과 영예를 피하는 사람의 겸손은 거짓된 겸손입니다. 그들은 종종 자신이 무척 악하다는 사실에 대해 말하기 위해서 각별히 노력합니다. (이렇게 행하는 것은 사람들로부터 선한 사람이라고 여김을 받기 위해서입니다.) 그들은 내적으로는 자신의 비참함을 알고 있으면서도 누군가 그 사실을 알 것이라는 생각을 철저히 무시합니다. 이것은 위장된 거짓 겸손입니다. 이것은 은밀하게 감추어진 교만에 불과합니다.

 반면에 참된 겸손이 있습니다. 참된 겸손은 결코 겸손을 생각하지 않습니다. 그러한 겸손을 소유한 사람은 인내하면서 행동하며, 하나님 안에서 살고 하나님 안에서 죽습니다. 그들은 자기 자신이나 피조된 것에는 관심을 갖지 않습니다. 그들은 괴롭힘을 당해도 기뻐하며, 멸시받으신 주님의 발자취를 따라가는 것 외에 다른 것을 원하지 않습니다. 또 세상이 그들을 좋게 생각하는 것에 관심을 갖지 않으며, 하나님께서 주시는 것에 만족합니다. 그들은 자신의 결점들을 깨닫고 부끄러워합니다.

모욕도 그들의 마음을 어지럽게 하지 못하고, 분쟁이 그들을 화나게 하지 못하며, 성공이 그들을 교만하게 만들지 못합니다.

참된 겸손은 내면적인 것으로서 표면적인 행동과는 전혀 관계가 없습니다. (가장 낮은 자리에 앉는 것, 말없이 침묵을 지키는 것, 초라하게 옷을 입는 것, 유순하게 말하는 것, 어깨를 움츠리는 것, 눈을 감는 것, 효과적으로 한숨을 쉬는 것, 자신의 결점을 이야기하는 것, 자신이 불행하다고 말하는 것. 이러한 행동을 통해서 당신 자신이 겸손하다는 것을 하나님께 납득시킬 것이라고 생각하십니까?) 참된 겸손 안에는 이기적인 본성이 어떤 것인지에 대한 이해가 있습니다. 그것은 심오한 지식으로서 가지고 다니는 것이 아닌 내적인 이해입니다. 천사가 계시해 준다고 해도…자신이 겸손하다고 의식하지 않습니다.

우리는 하나님의 위대하심, 그리고 우리 자신의 영혼과 관련하여 타락의 엄청난 황폐함을 발견해야 합니다. 그것은 말로 표현할 수 없이 큰 이해입니다. 이 계시에서부터 하나님의 은혜…하나님의 순수한 선으로 우리를 둘러싸는 데서 즐거움을 취하는 은혜의 섬광이 나아옵니다.

사람들이 당신에게 상처를 줄 수 없습니다. 마귀들이 당신에게 상처를 줄 수 없습니다. 오직 당신의 자아, 당신 자신의 교만, 그리고 당신의 거센 욕망들만이 당신에게 상처를 입힐 수 있습니다. 당신의 자아가 가장 큰 마귀입니다.

존경을 받으려는 욕망을 갖지 않는 것이 가장 좋습니다. 성육하신 하나님이 바보, 주정뱅이, 귀신 들린 자라고 불리셨다는 것을 기억하십시오. 그러나 우리는 행복을 누리고 사람들의 인정을 받으려 합니다. 우리는 주님의 십자가, 그 분이 받으신 비난, 그 분의 겸손을 알지도 못하고 원하지도 않으면서 그분을 따르려 합니다.

    참된 겸손은 고요한 마음 안에 거합니다. 그곳에 거하고 쉽니다. 만일 당신이 이 일에 있어서 조금이라도 진보를 이루었다고 생각한다면(특히 당신이 겸손함에 의해서, 그리고 자신을 겸손하게 만듦으로써 진보를 이루었다고 생각한다면), 당신은 전혀 겸손한 사람이 아닙니다. 당신은 성령 안에서 사는 일의 첫걸음도 떼지 못한 사람입니다. 만일 당신이 변명을 한다면, 또 대답하고 방어하고 공격하는 등의 방법을 사용한다면, 당신의 내면에는 겸손한 마음이 없습니다. 당신에 대해 말해진 것들에 대꾸하는 것은 자아가 다스리는 곳에 있는 은밀한 교만에서 자라나옵니다. 자아에 대해 변명하는 것은 자아의 본성이 무가치하다는 것에 대한 이해의 부족을 나타냅니다.

23 독거

 독거에는 두 종류가 있습니다. 표면적인 독거와 내면적인 독거입니다. 표면적인 독거는 단순히 말을 하지 않거나 적게 하는 것입니다.

 내면적인 독거란 우리 주위의 모든 것에 대해서 잊고, 그것들에 대해 초연하며, 모든 목적과 소원과 생각과 뜻을 복종시키고 주님 앞에 나오는 것을 의미합니다. 이것이 참된 독거입니다. 우리는 그것이 주님의 품 안에서 발견되는 달콤한 휴식이요 내적인 평온이라는 것을 발견할 것입니다. 주 앞에서 그러한 장소에 머물 수 있는 신자는 무척 많은 것을 발견할 것입니다.

 여기까지 진보한 신자는 주님이 내면에서 신자와 대화

하시고 교제하신다는 것을 발견합니다. 그곳에서 주님은 신자에게 주님 자신을 채워 주십니다…그 사람이 비어 있기 때문에 채워 주십니다. 그가 벌거벗었기 때문에 주님은 그에게 빛과 사랑으로 옷 입혀 주십니다. 또 그가 비천하기 때문에 들어올려 주시며, 그가 외롭기 때문에 그를 하나님과 연합시키시고 변화시키십니다.

이처럼 오직 하나님과 더불어 독거하는 것은 영원한 축복의 상징, 영원하신 아버지를 영원히 바라보게 될 미래를 보여 주는 상징입니다.

당신이 독거의 부름을 받은 것은 당연합니다.
왜냐하면 당신은 아주 외롭기 때문입니다.
당신을 찾는 영혼,
당신을 사랑하고 아는 영혼이 거의 없습니다.

오, 거룩하신 주님, 당신의 자녀들이 세상을 떠나
   이 큰 영광으로 나아가지 않는 것은 어찌된 일
   입니까?
그들이 큰 선을 상실하는 것, 피조된 것들 때문에 그

큰 선을 상실하는 것은 어찌 된 일입니까?

복 받은 영혼이여,
그대가 하나님을 위해서 모든 것을 버리며
하나님만 찾으며
하나님 외에 아무 것도 바라지 않으며
오직 하나님만 그리워하며
아무 것도 바라지 않는다면,
그대는 얼마나 행복하겠는가?
그 때에는 아무 것도 그대를 괴롭히지 않을 것이다.

만일 당신이 영적인 것이라도 선을 원한다면, 혹시 그것이 주어지지 않는다 해도 조바심을 내지 마십시오.

만일 당신이 단순히 거리낌 없이 영혼을 주님께 바친 뒤에 뒤로 물러나서 모든 것으로부터 이탈하여 자유롭게 홀로 주님 앞에 선다면, 당신은 세상에서 가장 행복한 사람일 것입니다.

이러한 교제 안에 들어가려면, 모든 염려와 모든 생각을 잊으십시오. 하나님의 사랑이 우리 영혼 안에서 살게 하려면 자아를 버려야 합니다.

존재를 완전히 창조주께 바치십시오. 삶을 그 분께 제물로 바치십시오. (평안하게 영적으로 고요히 그렇게 하십시오.)

우리가 이기적인 삶을 많이 버릴수록, 내면에 하나님과의 독거를 위한 공간이 더 많이 생깁니다. 표면적인 일이나 우리 자신의 본성이 많이 비워진다면, 하나님의 성령으로 채워질 공간이 많아집니다.

당신의 내면의 중심적인 존재 안에 있는 장소…주께서 당신을 새롭게 하시고 변화시키시고 채워 주시고 옷 입혀 주시고 새로운 하늘나라를 보여주실 장소로 들어오라고 부르시는 것을 보지 못합니까?

24 주 앞에 나아옴

우리의 존재의 중심은 가장 중요한 곳입니다. 그곳은 성령의 거룩한 성전, 하나님께서 기뻐 거하시는 곳입니다. 그곳에서 하나님은 자신이 지으신 자에게 자신을 나타내십니다. 하나님은 감각과 인간적인 이해를 초월하는 방법으로 자신을 주십니다.

이 곳에서 참되신 영—하나님—이 영혼을 다스리고 지배하시며, 하나님 자신의 가르침을 주입해 주십니다.

내 말을 오해하지 마십시오. 영혼이 도달할 수 있는 가장 높은 곳은 하나님의 뜻이라는 장소, 일반적으로 즐거움에 대한 말로 이루어지는 것이 아니라 십자가와 인내와 고난으로 이루어지는 삶의 상태입니다.

다음의 것들을 생각해 보십시오: 우리가 사람들의 시끄러운 소음과 소동 소리를 들으면서 어찌 하나님의 감화하시는 내면의 음성을 들을 수 있습니까? 많은 생각과 추론과 논리 가운데서 어떻게 순수한 성령에게 귀를 기울일 수 있습니까?

이와 같이 행복한 상태에 거하는 법을 배운 신자는 두 가지를 피해야 합니다. 첫째, 우리의 인간 생활 속에 있는 본성에 속한 부분을 피해야 합니다. 우리에게는 죽으려 하지 않고 행동하는 편을 좋아하고 자기 방식으로 말하기를 좋아하는 부분이 있습니다. 그것은 자신의 행동을 사랑합니다.

둘째, 주님이 아닌 것에 대한 애착을 피하는 법을 배워야 합니다. 정신과 감정과 뜻을 하나님께 쏟아야 합니다.

게다가, 주님 앞에 나아올 때에는 하나님이 아닌 것을 모두 포기해야 합니다. 이 세상에 대한 관심을 버리고, 외부에 대한 관심을 버리고, 내면에 있는 개인적인 관심도 버려야 합니다. 우리는 오직 한 가지 관심의 대상—주님의 거룩한 뜻—만 가지고 주님 앞에 나아와야 합니다. 하나님께 기도

할 때에는 우리 자신을 하나님의 손에 완전히, 절대적으로 순수하게 맡겨야 합니다. 즉 하나님의 거룩한 뜻에 완전히 복종해야 합니다. 오직 하나님을 기쁘게 하기 위해서 바빠야 합니다. 오직 하나님의 소원에만 관심을 가져야 합니다. 완전히 순종하면서 하나님이 정하신 것을 받기 위해 기다려야 합니다.

이것들은 내적 자아에 대한 내적인 죽음, 내면의 성향들과 갈망들에 대한 죽음을 통해서만 획득할 수 있습니다.

혹 주님이 당신의 삶에서 전진하신다 해도 그 사실을 깊이 생각하지 말며, 또 그것이 당신의 마음의 은밀한 생각들 속에 들어오는 것을 허락하지 마십시오. 혹시 그것을 깊이 생각하거나, 그것이 마음속에 들어오는 것을 허락한다면, 하나님께서 당신의 내면에서 활동하시는 데 큰 장애물이 될 것입니다. 주께서 당신에게 무슨 일을 하시든지, 그것에 대해서 되도록 무관심하십시오.

25 영적으로 즐거운 일

기독교인은 두 가지 방법에 의해서 주님과 사랑을 나누는 거룩한 교차로에 올라갈 수 있습니다. 첫째 방법은 감각적인 즐거움에 의한 것이고, 둘째 방법은 거룩한 갈망에 의한 것입니다.

첫째 방법은 약한 방법입니다. 신자는 매우 약하기 때문에 기분 좋은 사랑의 표면적인 인출에 의해서 자극을 받아 그리스도를 향해야 합니다. 신자와 주님의 관계의 토대는 대체로 그에게 즐거움을 가져다주는 것들을 의지합니다. 그러한 영적 즐거움을 제거하면, 신자는 매우 불안정한 토대 위에 놓입니다. 그러나 나약한 사람들은 하늘나라를 정복할 수 없습니다.

둘째 방법은 보다 거룩한 곳에 속합니다. 나는 세 단계의 상승에 대해 말하려 합니다.

첫째 단계는 신자가 하나님으로 가득하게 되며 세상에 속한 것들을 미워하게 되는 단계입니다. 이 단계의 신자는 오직 하나님의 사랑에 만족하며 하나님 앞에서 잠잠하는 법을 배웁니다.

둘째 단계는 도취입니다. 이것은 영혼이 붙잡을 수 있는 것보다 더 많은 것을 소유하는 상태입니다. 이 단계에서 신자의 내면에 하나님의 사랑의 충만이 탄생합니다.

셋째 단계는 안심입니다. 이 단계에서 신자의 영혼에서 모든 두려움이 쫓겨납니다. 그리고 두려움이 떠나고 빈 곳에 하나님의 사랑이 임합니다. 신자는 하나님의 뜻에 따라 정해진 것에게 자신을 맡깁니다. 하나님의 뜻에 맡긴다는 것은 지극히 높으신 하나님의 뜻이라면 지옥까지도 가려 한다는 것을 의미합니다. 이 단계에는 사랑하는 하나님 및 그분의 무한한 보물로부터 분리될 수 없는 의미가 있습니다.

내면의 길을 향한 다섯 단계

내면의 길을 향하는 다섯 단계가 있습니다.

첫 단계는 교화입니다. 이 단계에서 거룩한 사랑의 불이 붙습니다. 하나님을 향한 거룩한 사랑은 인간적인 것들을 말립니다.

둘째 단계는 기름부음입니다. 성령이 신자의 존재 안에 들어와서 그를 가르치고 튼튼하게 하며 주님과 주님의 길에 대한 깊은 지식을 얻게 해 줍니다. 이와 더불어 하늘의 것처럼 보이는 즐거움이 임합니다.

셋째 단계는 속사람, 즉 영적인 사람의 성장입니다. 속사람이 겉사람보다 더 튼튼하게 자라기 시작하면서, 주님을 향한 순수한 사랑의 샘이 솟아오릅니다.

다음 단계는 조명입니다. 조명은 하나님의 성령으로부터 우리 안에 거하는 인간적인 영에게 오는 것입니다.

마지막 단계는 평안입니다. 내적으로 모든 싸움에 대한 승리입니다. 평안과 기쁨은 위대합니다. 신자는 하나님의 사랑의 품에 거하는 사람처럼 완전히 쉬는 것처럼 보입니다.

이렇게 함으로써 우리는 참된 솔로몬에게로 올라갑니다.

27 속사람의 표식

속사람을 식별할 수 있는 네 가지 표식이 있습니다.

첫째는 의지와 생각과 관계가 있습니다. 훈련된 의지는 하나님을 향한 것, 또는 하나님 및 하나님의 목적과 관련된 것 외의 다른 사랑의 행동에 관여하지 않습니다.

둘째, 표면적인 임무들을 완수하면, 신자의 생각과 의지는 하나님을 향합니다.

셋째, 신자가 기도를 시작하면, 다른 모든 일들은 보지도 못하고 알지도 못했던 것처럼 망각됩니다.

넷째, 신자는 과거에 세상을 두려워했던 것처럼, 이제는 자신의 본성에 속한 표면적인 것들을 두려워합니다. 그러므로 그는 세상뿐만 아니라 표면적인 것들도 멀리합니다. 그러나 사랑이 표면적인 행동을 요구하는 경우는 예외입니다.

마지막으로, 존재의 내면 깊은 곳에 거하는 신자는 중단되지 않는 평화 속에 삽니다. 물론 외적인 전쟁이 있을 수 있지만, 평안은 깨지지 않습니다. 내면의 장소와 시끄러운 외부 사이에는 무한한 거리가 있습니다. 외부의 것들은 이 거룩한 장소에 도달할 수 없습니다. 신자는 자신이 버림받고 대적 당하고 고독하다는 것을 발견할 수도 있지만, 그러한 폭풍우는 외부에서만 사납게 휘몰아치고 위협할 뿐, 내면에서는 전혀 힘을 발휘하지 못합니다.

28 내면적인 사랑의 네 가지 측면

신자가 주님을 향해 소유하며 주님이 신자를 향해 소유하는 은밀한 내면적인 사랑에는 네 가지 측면이 있습니다.

첫째는 조명입니다. 그것은 하나님의 위대하심에 대한 경험적인 지식이요 신자의 무가치함에 대한 경험적 지식입니다.

둘째는 불타는 사랑, 거룩한 불에 사로잡히고픈 갈망입니다.

셋째는 평화롭고 즐거운 쉼입니다.

넷째는 주님의 능력이 내면을 채워 주는 것입니다. 신자는 하나님으로 채워지고 충만해집니다. 이제 신자는 하나님의 위대하심과 무한한 선 외에 다른 것은 구하지 않습니다.

이와 같은 사랑의 네 가지 측면에서 생겨나는 결과는 두 가지입니다.

첫째 결과는 하나님을 위해 고난 받으려는 용기입니다. 둘째 결과는 신자는 외적인 증거와는 관계없이 하나님을 잃을 수 없으며 하나님으로부터 분리될 수 없다는 희망, 또는 확신입니다.

예수 그리스도는 신자의 내면 깊은 곳에 그리스도 자신의 낙원을 소유하십니다. 신자는 세상에 살면서 일상적인 일들을 수행하면서도 그리스도를 향해 올라갑니다. 만일 우리가 진심으로 예수 그리스도가 누구인지 알기를 원한다면, 그리고 역경을 당하거나 영적으로 고독하거나 무엇이 부족한 상황에 처해 있더라도 진심으로 하나님을 바라본다면…우리의 내면에 있는 것은 흔들림이 없이 굳게 설 것입니다.

충실하고 내면적인 신자는 외적으로는 약탈당했지만 내적으로는 하나님께 완전히 몰입해 있는 사람입니다.

과학적인 정보와 이론적인 설명과 논리 등은 후천적으로 습득되는 것들입니다. 그것들은 자연에 속한 지식이라고 말할 수 있을 것입니다. 그와는 반대로, 하나님의 지혜는 우리 안에 주입되는 것이며, 이 주입된 지혜는 우리를 주님 자신에 대한 지식으로 이끌어갑니다. 전자, 즉 논리는 획득되어야 하는 것과 획득되어서는 안되는 것, 그리고 고통과 노력을 피하는 방법을 알려 합니다. 후자, 즉 하나님과 그의 길에 대한 내적인 지식의 특징은 자신이 무엇을 알고 있는 지조차 알려 하지 않는 것입니다. 그러나 여기에는 아주 많은 것에 대한 심오한 이해의 의식이 있습니다. 과학적인 사람들, 즉 외적인 사람들은 이 세상에 속한 것들에 대한 지식으로 즐거워합니다. 그러한 진실로 지혜로운 사람은 하나님께 몰두하여 삽니다.

하나님의 지혜의 일부를 소유한 사람은 인생에서 자신의 위치를 분명히 이해합니다. 그는 물질적인 것들 및 자신에게 속한 것들을 이해합니다. 그렇기 때문에 이러한 신자는 단순합니다. 그는 교화될 뿐만 아니라 내면적으로 균형을 이루고 완전합니다.

대부분의 사람들은 자신의 견해에 의해서, 그리고 자신의 판단에 따라서 삽니다. 그들은 참된 것들을 둘러보아 찾고 거짓된 것들을 고찰합니다. 그들은 매우 많은 것을 생각하고 상상합니다. 또한 그들은 감각에 주의를 기울입니다. 그러나 참된 지혜를 가진 사람은 내면에 존재하는 내적 진리에 의해서 판단합니다. 지혜로운 사람의 특징은 말은 적게 하고 행동을 많이 하는 것입니다.

대부분의 사람들, 심지어 신학적으로 유식한 사람들에게도 영적 진리에 대한 이해가 감추어져 있고 배제되어 있습니다. 그 이유는 무엇일까요?

그들의 지식은 형식적인 지식이기 때문입니다. 한편 성인들에게 속한 지식이 있습니다. 이 지식은 진심으로 사랑하는 사람들에게만 알려집니다. 많은 지식과 정보를 가지고 있지만 영에 속한 내면적인 것들에 대한 경험적 지식이 부족한 사람들의 설교와 메시지입니다. 이런 사람들은 많은 이야기들을 만들어 내고 훌륭하게 묘사하고 신랄하게 설교합니다. 이러한 사람들이 우리에게 주는 것들은 성경에 기초를 두고 있는 것처럼 보이지만 그 안에 하나님의 말쏨이 담겨 있지 않습니다. 그것은 가짜 금으로 장식한 사람들의 말에 불과합니다. 그런 사람들은 부패한 신자들로서 헛된 것을 먹고 삽니다. 그 결과 가르치는 자와 가르침을 받는 자 모두 하나님이 없는 상태에 머뭅니다.

그러한 교사들은 가르침을 받는 자들에게 열매를 맺지 못하는 헛된 것을 먹이고, 빵 대신에 돌을 주고, 열매 대신에 잎사귀를 주며, 독한 꿀이 섞인 냄새나는 흙을 줍니다. 이런 사람들은 칭찬과 좋은 평판이라고 불리는 것을 자신이 추구해야 할 우상으로 만들며, 영예를 얻으려 합니다. 그들은 하나님의 영광을 구하지 않으며, 자신의 내면에 있는 영적인 건물을 구하지 않습니다. 성실하게 설교하는 사람들은 하나님을 위해 설교합니다. 성실함이 없이 설교하는 사람들은 자기 자신을 위해 설교합니다. 내면적으로 성령 안에서 살면서 하나님의 말씀을 전파하는 사람은 듣는 사람의 마음에 하나님의 말씀을 새겨줍니다. 그렇지 않은 사람이 전하는 말을 듣는 사람의 귀를 스칠 뿐입니다.

다음은 영원히 지속될 교훈입니다: 진실로 살아 계신 하나님을 아는 지식은 겸손을 낳습니다. 학식과 정보와 이론과 신학, 심지어 성경에 대한 지식을 획득하는 것은 교만을 낳습니다.

우리는 하나님에 대한 지식과 하나님의 속성에 관한 대단한 생각을 제시하는 사람을 거룩하다고 말하지 않습니다.

자기를 부인하고 개인적으로 큰 손해를 당하면서도 하나님의 사랑을 선포하는 사람을 찾아보십시오. 하나님의 일에 대해서는 많이 알지만 주님 자신에 대해서는 거의 아는 것이 없는 사람들보다는 단순하고 겸손한 사람들에게서 그러한 지혜를 발견할 수 있을 것입니다.

작은 마을에 살고 인간적인 정보는 많이 소유하지 못했지만 하나님의 사랑에 있어서는 부유한 사람들이 많습니다. 반면에 참 빛을 알지 못하고 헛된 지혜에 빠져 있는 신학자들과 목회자들이 많습니다.

우리는 항상 모든 것을 아는 체 하지 말고 배우려는 사람으로서 말해야 합니다. 또 무식한 사람으로 알려지는 것을 부끄럽게 여기지 말고 큰 영광으로 여겨야 합니다.

성경과 신학에 대한 지식이 많은 사람들이 하나님의 깊

은 진리에 대한 작은 통찰을 얻으면, 그것들로부터 하나의 혼합물이 생깁니다. 죽음도 아니고 하나님의 지혜도 아닌 것이 생겨납니다.

안타깝게도 이 본성적인 것과 신적인 것의 혼합물은 하나님의 지혜의 순수하고 단순하고 참된 계몽에 큰 장애물이 됩니다.

29 내면의 발견

하나님의 지식으로 이어지는 것이 두 가지가 있습니다. 하나는 아주 멀리 있는 것이고, 나머지 하나는 가까이 있습니다. 전자는 사색이고, 후자는 내면의 발견입니다.

하나님의 길에 대한 많은 지식과 정보를 추구하는 사람들은 자신의 추론들을 만족시키려 하며, 영적인 것들이 아닌 다른 수단에 의해서 하나님께 도달하려 합니다. 그러나 그런 방법으로는 결코 주님을 향한 참되고 열렬한 사랑을 획득할 수 없습니다. 하나님에 대한 정보를 입수하고 성경에 대한 정보를 획득함으로써 하나님을 찾으려 하는 사람들은 학자들에 불과합니다. 그들은 눈에 보이지 않는 세계를 알지 못하며, 또 하나님의 감추인 것들은 영 안에서만 발견된다는 것도 깨닫지 못합니다. 또 그들은 신자의 내면 깊은 곳…하나님의 보좌가 있는 곳, 그곳에 와서 하나님과 합류하는 사람들에게 하나님 자신을 전해 주시는 곳에 거하는 기쁨에 접하지 못한 사람들입니다.

이러한 개념을 비난하는 사람들도 있습니다.

그 이유는 무엇일까요? 그들은 그것을 이해하지도 못하고 바라지도 않기 때문입니다. 주께로 가는 내적인 길을 발견하지 못한 신학자는 바울이 다음과 같이 말하면서 언급한 문으로 들어가려 하지 않기 때문에 길을 잃습니다: "너희 중에 누구든지 이 세상에서 지혜 있는 줄로 생각하거든 미련한 자가 되어라 그리하여야 지혜로운 자가 되리라."

"이론보다 실천이 앞서야 한다"는 말은 내면의 길을 따르는 사람들을 위한 교훈입니다.

이것은 우리가 지식을 찾아내며 그러한 것들에 대해 많은 탐구를 시작하기 전에 먼저 주님과 경험적인 접촉이 있어야 한다는 것을 의미합니다.

그 때에 다음과 같은 질문이 제기됩니다: 유식한 사람들, 신학자들, 그리고 지적인 사람들은 그러한 길을 배우려는 희망을 품을 수 있습니까? 그렇습니다. 만일 그들이 자기 자신을 의지하거나 높이 평가하려 한다면, 그들 자신의 정교하고 방대한 지식을 의지해야 할 것입니다. 그런 것들을 버리고 잊으십시오. 그런 것들을 추구하지 마십시오. 그보다는 주님의 임재 안에 거하고 그 얼굴을 보는 단순하고 순수한 일에 정신을 쏟아야 합니다. 그 일이 어떠한 일인지, 어떻게 해야 하는지, 또는 머리 속에 떠오르는 심상들, 또는 그러한 모험의 결과에 대한 이론 등에 대해 생각하지 마십시오.

주님을 알려는 목적이 아닌 다른 목적의 연구나 탐구나 정보 수집은 지옥으로 가는 지름길에 불과합니다. 연구 자체 때문이 아니라, 그러한 일을 추구하는 데서 생기는 교만 때문입니다. 오늘날 많은 신학자들과 지식인들은 만족을 모르는 본성적인 호기심을 충족시키기 위해서 연구를 하기 때문에 불행합니다. 이교도 철학자들이 바로 그러한 사람입니다.

그러한 사람들은 하나님을 찾지만 발견하지 못합니다. 그 이유는 무엇일까요? 그것은 그들이 하나님 안에 잠기려는 성실하고 순수하고 의로운 의도보다 호기심에 의해 행동하기 때문입니다. 그들은 하나님 자신을 원하지 않고 영적인 위로를 원합니다. 그들은 진리를 가지고 하나님을 찾지 않고, 진리를 찾지도 않습니다. 그렇기 때문에 그들은 하나님도 발견하지 못하고 영적인 기쁨도 발견하지 못합니다.

자기 포기의 의지를 가지고 주님을 찾지 않는 사람은 주님을 발견하지 못할 것이며, 또 진리나 성령의 빛도 받지 못할 것입니다.

말하는 것보다 듣는 것을 더 높이 여기는 사람은 드뭅니다.

영이 거하는 곳 안에 있는 거룩한 지혜를 파악한 사람은 주님에 의해서 감미로움으로 채워진 사람입니다. 주님은 내면의 빛에 복종하는 사람들을 다스리시며 가르쳐 주십니다. 하나님이 거하시는 곳에는 항상 단순함과 거룩한 자유가 있습니다. 그러나 지혜로운 사람들의 입장에서 보면, 교활, 두 마음을 품는 것, 속임수, 술책, 기만, 세상적인 것에 복종하는 것 등은 그 자체가 지옥입니다.

30 주님과 동행하는 사람이 버려야 할 것

주님과 깊이 동행하려는 사람은 다음과 같은 네 가지를 버리고 이탈해야 합니다:

1. 피조물
2. 현세의 것들
3. 성령의 은사들
4. 자아

그리고 그것들은 하나님 안에서 상실되어야 합니다.

이 마지막 것이 가장 완전한 것입니다. 이탈하는 방법을 아는 신자만이 하나님 안에 몰입할 수 있습니다.

하나님은 세상의 학문과 사상보다는 마음의 애정에 더 만족하십니다. 더럽게 하고 속박하는 모든 것을 깨끗이 제거한 마음을 보는 사람은 천 명 중 한 사람에 불과합니다.

하나님의 지혜를 획득하는 주된 수단은 깨끗한 마음입니다.

만일 하나님께서 당신을 깨끗이 하실 때에, 당신이 확고부동하지 않는다면, 당신은 지금까지 논의해온 길에 도달하지 못한 사람입니다. 하나님은 당신에게서 세속적이고 자연스러운 물건들에 대한 애착을 제거하실 뿐만 아니라 눈에 보이지 않는 세계와 관련된 것들과 하나님의 고귀한 축복을 알려는 소원도 제거하십니다. 왜냐하면 자아의 본성은 때때로 이런 것들을 먹이며 지원하기 때문입니다.

어떤 사람들은 여기에서 논의된 것들을 모두 행하는데도 하나님과의 만남에 대한 경험적 지식을 획득하지 못하는 이유는 무엇일까요? 그것은 복종하는 사람에게 주실 빛을 가지고 계시는 하나님께 자신을 완전히 예속시키고 복종시키지 않기 때문입니다. 그들은 자신의 사아의 본성을 부인하지도 않고, 그것이 정복되는 것을 허락하지도 않습니다. 그들은 자신에 대한 관심을 완전히 제거하고서 하나님께 완전히 자신을 바치지도 않습니다.

마지막으로, 모든 신자들은 내적 고통의 불 속에서만 정화될 것입니다.

34 하나님인가, 세상인가?

 자아 상실의 기초는 두 가지 원리 안에 세워집니다. 첫째 원리는 자신과 세상에 속한 것들을 아주 하찮게 여기는 것입니다. 이것은 자아의 본성을 부인하는 것, 거룩한 결심과 에너지를 가지고 피조된 것들을 버리는 것을 의미합니다.

 둘째 원리는 하나님을 공경하는 것입니다. 개인적인 이해관계는 조금도 생각하지 않고 하나님을 사랑하고 경모하고 따르게 만드는 공경심입니다.

 이 두 가지 원리에서부터 하나님의 뜻에 대한 순응이 생겨날 것입니다. 하나님의 뜻에 대한 실질적인 순응은 신자로 하여금 자아의 활동들에 대해서 죽게 만들며, 하나님과 조화를 이루는 뜻을 갖게 만듭니다.

영적 기쁨에 매달려서도 안 되고, 보이지 않는 세계에서 발견되는 기쁨에 매달려서도 안 되고, 감정이나 애정에 매달려서도 안 됩니다. 그러한 길을 따라가면 환상과 망상으로 가득 차게 됩니다.

우리가 택해야 할 길에는 무거운 십자가를 지는 것이 포함됩니다. 이 길은 자아의 상실로 이어지는 왕의 대로입니다.

당신은 명예와 권위와 칭찬까지도 밀쳐내야 한다는 것을 이해할 수 있습니까? 당신의 삶에서 이것들은 어떤 위치를 차지하고 있습니까? 당신은 오직 하나님만을 위한 명예와 칭찬을 얻으려고 경쟁하렵니까?

많은 신자들이 자신의 내면생활에서 이루어지는 주님의 깊은 사역을 방해하는 것은 어떤 이유에서입니까? 그것은 그들이 무엇인가를 성취하기를 원하기 때문에, 위대해지려는 욕구를 가지고 있기 때문입니다. 이런 까닭에 우리는 많은 신자들이 무가치한 존재가 되는 장소인 존재의 중심으로부터 나오기 위해서 성령의 은사에 집착하며, 그럼으로써 그들의 삶 안에서의 주님의 사역이 방쳐지는 것을 봅니다.

그들은 주님을 찾지 않으며, 그렇기 때문에 발견하지 못합니다. 주님이 모든 것이 되시며 우리는 아무것도 되지 못하는 곳에서만, 우리는 주님을 발견합니다.

자신이 아무것도 아니라는 것을 아는 사람은 무엇에 의해서도 불안하게 되지 않습니다. 자신이 아무것도 아니라는 것을 아는 사람은 누구에게서도 상처나 고통을 입지 않습니다. 그러한 신자는 다른 사람의 결점은 보지 않고 자신의 결점만 봅니다. 그는 무수한 불완전함으로부터 자신을 해방시킵니다. 우리가 자신을 아무 것도 아니라고 볼 수 있다면, 주님은 계속 우리 안에서 일하시면서 우리의 내적 존재 안에 주님의 형상과 모양을 만드실 수 있습니다.

평안 속에 들어간 신자는 자신에게 하나님 및 하나님의 일부인 초자연적인 것들이 충만하다는 것을 압니다. 그는 순수한 사랑에 기초를 두고 있으며, 기쁨과 고통을 동일하게 받습니다. 그는 빛 가운데서 오는 것이나 어둠 속에서 오는 것, 밤에 오는 것이나 낮에 오는 것, 고통 속에 오는 것이나 위로 속에 오는 것을 평안히 받아들입니다. 그는 거룩한 무관심 속에서 생활합니다. 즉, 그는 역경 속에서 평안을 잃지 않으며, 시련을 당하는 동안에 평온함을 잃지 않고, 매사에 만족합니다.

그는 어두움의 왕자가 공격해 와도 큰 영향을 받지 않고 견고하게 설 것입니다. 그는 높은 산과 깊은 골짜기를 동일하게 여깁니다.

우리의 표면적 존재의 골짜기는 고난, 어두움, 외로움으로 가득합니다. 내적 존재의 높은 산 위에서는, 순수한 태양이 빛을 비추고 우리를 따뜻하게 해주고 비추어 줍니다. 신자는 분명하고 평화롭고 평온하고 빛을 발합니다.

내가 말하는 곳에는 값비싼 보물이 감추어져 있습니다. 그것은 잃어버린 진주입니다.

당신은 겉보기에는 가난하지만
당신의 내면에는 보물이 가득합니다.
당신은 비천해 보이지만
대단히 고귀합니다.
당신은 사람들로 하여금
이 세상에서 거룩한 생활을 하게 합니다.

오, 지극히 선하신 주님,
나에게 하늘나라의 행복과 참된 평화를 주십시오.
그것은 감각의 세상은 이해하지도 못하며
받을 수도 없는 것입니다.

기도

오, 하늘의 왕이시여,
당신 앞에서 천국의 기둥들이 동요하고 두려워 떱니다.
당신은 무한하십니다.
스랍 천사들이 당신의 사랑 안에서 타오릅니다.
오, 주님, 내가 우리의 맹목성과 감사하지 않음을 탄식하는 것을 허락해 주십시오.

우리는 모두 미혹되어 살면서 이 어리석은 세상을 추구하며 하나님이신 당신을 버립니다.

우리는 세상의 더러운 수렁을 얻기 위해서 생명의 샘이신 당신을 버렸습니다.

오, 인간들이여, 얼마나 오랫동안 헛된 것을 따르렵니까?

무엇에 속아서 우리의 가장 큰 선이신 주님을 버립니까?

가장 고귀한 진리를 말해 주며 우리를 가장 많이 사랑하며 우리를 가장 크게 옹호해 주시는 분은 누구입니까?

더 완전한 친구, 또는 사랑스러운 신랑, 또는 사랑 많은 아버지가 있는 곳은 어디입니까?

오 거룩하신 주님,

십자가에 달리신 그리스도를 따르기 위해서 기꺼이 고난을 받으려는 사람, 십자가를 받아들이려는 사람은 아주 적습니다.

자신을 완전히 벗어버리고 자신에 대해서 죽고 하나님에 대해서 살며, 당신의 선하신 뜻에 완전히 복종하는 사람은 극히 드뭅니다.

몰리노스의 생애

몰리노스(Molinos, Miguel de, 1640-1697)는 스페인의 사라고사 근처에서 태어났으며, 신학 교육을 마친 후인 1663년에 로마로 파견되었다. 그는 곧 인기 있는 지도자가 되었고 고위직의 사람들과 친구가 되었다. 1675년에 유명한 『영혼을 내면의 평화로 인도해주는 영적 지침서』(*The Spiritual Guide which leads the Soul to the Fruition of Inward Peace*)를 출판했다. 그의 가르침은 신플라톤주의자들과 아레오파고의 디오니시우스의 전통 안에 있는 신비가들의 가르침과 다르지 않으며, 『무지의 구름』이 제기하는 질문들보다 예리한 질문을 제기하지도 않는다. 자아에게서 하나님에 대한 모든 이미지를 제거하는 부정의 방법은 기독교 신앙과 양립하는가? 그리스도의 경우는 어떠한가?

몰리노스는 수녀들에게 종교적인 그림과 조각상들을 모두 없애고, 교회에서의 지나친 봉사와 복음서에 대한 체계적인 묵상을 중지하라고 했다. 그러나 성찬은 거의 매일 받으라고 권했다. 그는 하나님은 우리의 지식과 생각을 초월하신 분이라고 말했다. 그의 표현을 빌자면, "이성적으로 논의하거나 지성으로 이해하는 방식으로 하나님을 사랑하는 사람은 참 하나님을 사랑하는 것이 아니다."

그러나 그는 침묵의 중요성을 강조했다. 말, 사상, 경건 훈련 등은 정신을 산만하게 한다. 중요한 것은 의도이다. 우리의 의도가 하나님을 향하고 있다면, 다른 것은 문제가 되지 않는다. 악한 생각이나 유혹의 공격을 받을 때에, 그것들을 대적하여 싸우기보다 무시해야 한다. 왜냐하면 의식적으로 저항하는 것은 마귀를 인정하고 존중하는 것이며, 곧 마귀의 점령을 받게 되기 때문이다. 심지어 죄도 저항할 수 없는 본성의 힘에 기인하는 것이며 우리의 의지가 동의하지 않은 것이라면 죄가 아닐 수 있다. "욥은 하나님을 저주했지만, 입으로 범죄 하지 않았다. 이것은 마귀가 그의 안에서 강력하게 역사했기 때문에 발생했다." 죄고백과 참회의 행동은 악에 대항하기 위한 것이지만, 자칫하면 오히려 악을 장려하는 것이 될 수도 있다. 이것은 미묘하고 위험한 가르침이었다.

몰리노스는 대단히 다정다감한 사람이었다. 그의 하인들을 그를 존경했고, 여인들은 그를 매우 따랐다. 그는 그가 살았던 시대보다 20세기의 분위기에서 보다 잘 이해될 수 있을 것이다. 그는 회개한 두 여인이 위로가 되는 육체적인 교제를 갖는 것을 허락했다. 또 만일 마귀의 역사가 영혼으로 하여금 완전히 하나님을 의지하게 만든다면, 그것은 하나님께 영광이 될 수도 있으며, 따라서 죄가 항상 연합을 와해시키는 것이 아니라 오히려 더 긴밀하게 만들 수도 있다고 생각했다.

몰리노스가 자신의 영적 지혜를 과신하고 자만하는 뻔뻔스러운 사람이었다고 생각하기는 어렵다. 그는 종교재판을 받았는데, 그의 반대자들은 앙심을 품고 보복하려 했지만, 재판은 공정했던 듯하다. 그는 냉정하고 품위 있는 태도로 선고를 받고, 평생 동안 감옥에 갇혀 지냈다. 그는 독일

개신교도들과 경건주의자들에게 영향을 미쳤다.